市县供电企业
智能化电能计量仓储系统
建设与运营

国网浙江省电力有限公司营销服务中心　编

中国电力出版社
CHINA ELECTRIC POWER PRESS

内容提要

随着市县供电公司计量资产精益化管理的发展，为了使市县供电公司电能计量仓储库房建设运营人员快速了解目前智能仓储系统的基本理论知识，有效提高库房设计经济合理性、智能化水平和员工工作效率，国网浙江省电力有限公司营销服务中心组织编写了本书。

本书共分为六章，主要介绍了仓储系统的兴起与发展、电能计量仓储系统的建设目标与原则、库房的典型设计方案、库房的作业流程、库房的运行维护以及对电能计量仓储未来发展的看法。

本书可作为市县公司电能计量仓储系统管理人员及运维技术人员的学习培训教材及工作参考书。

图书在版编目（CIP）数据

市县供电企业智能化电能计量仓储系统建设与运营／国网浙江省电力有限公司营销服务中心编. —北京：中国电力出版社，2020.12

ISBN 978-7-5198-5047-0

Ⅰ. ①市… Ⅱ. ①国… Ⅲ. ①供电－工业企业－电能计量－仓储系统－研究－中国 Ⅳ. ①F426.61

中国版本图书馆CIP数据核字（2020）第192065号

出版发行：中国电力出版社
地　　址：北京市东城区北京站西街19号（邮政编码100005）
网　　址：http：//www.cepp.sgcc.com.cn
责任编辑：罗　艳　王蔓莉（010-63412791）
责任校对：黄　蓓　朱丽芳
装帧设计：郝晓燕
责任印制：石　雷

印　　刷：三河市万龙印装有限公司
版　　次：2020年12月第一版
印　　次：2020年12月北京第一次印刷
开　　本：880毫米×1230毫米　32开本
印　　张：2.875
字　　数：70千字
定　　价：20.00元

编 委 会

主　　编　黄金娟

编写人员　孙　钢　徐永进　严华江　施文嘉　李　晨　李　舜　谢　烽　韩鑫泽　叶　盛　马泽宇　黄小琼　蒋　群　王佳颖

前　言

作为电力发输供用各环节的枢纽和载体，电能计量器具的全寿命周期管理一直是电力企业的工作重点。在全寿命周期管理的采购到货、设备验收、检定检验、仓储配送、设备安装、设备运行、设备拆除、设备报废八个环节中，除了设备安装和设备运行外，都与计量仓储系统有着密切的业务关联。此外，随着电力能源互联网飞速发展，新型电能计量器具的发展呈现出数量增长、品类多元的特点，因此对电力计量仓储的设备和管理提出了更高的要求。

为实现计量资产的专业化、标准化、制度化、精细化、科学化管理，省级计量中心以信息技术为支撑建设了一套能够实现智能化存储、订单式配送的计量仓储系统，但市县供电企业的传统人工库房自动化、信息化水平低，制约了全省计量资产存储、检定、配送过程的集约化管理，建设市县供电企业智能化电能计量仓储系统已成为发展电力能源经济的重要环节之一。

本书总结了国网浙江省电力有限公司在市县供电企业智能化电能计量仓储系统的建设运营成果，详细介绍了系统建设目标与原则要求、典型的软硬件设计方案、作业流程以及运行维护工作模式等内容，对于其他省的市县供电企业同类智能化计量仓储系统的建设与运营具有重要的指导作用。

由于时间仓促加之作者水平有限，书中疏漏之处在所难免，敬请广大读者批评指正。

编者

2020 年 8 月

目　录

第一章　概述

第一节　仓储系统的兴起与发展

一、仓储系统的概念和分类

仓储是商品流通的重要环节之一，也是物流活动的重要支柱。仓储系统是指通过仓库对物资及其相关设施设备开展入库、储存、出库等活动组织的载体。仓储系统按自动化的程度可分为人工仓储系统、机械化仓储系统、自动化仓储系统、集成自动化仓储系统和智能自动化仓储系统五个类型。不同类型仓储系统的特点如下：

（1）人工仓储系统：通过人工方式取放货物的平层或货架仓库，缺少自动化操作设备和信息化管理手段，库房操作人员劳动强度大，工作效率低，资产管理精细化程度较低，在人工操作过程中，存在很大的随机性和不确定性，易造成资产账实不符问题。

（2）机械化仓储系统：作业人员通过操纵机械设备来实现物品的装卸搬运和储存等作业活动，如通过传送带、工业搬运车辆、堆垛机等移动和搬运物料，采用各种货架、托盘等存储物料。

（3）自动化仓储系统：采用自动输送机械、自动导引小车、货品自动识别系统、自动分拣系统、巷道式堆垛机等的仓储系统。仓库计算机可以及时记录订货和到货时间，可随时显示库存量，计划人员可以方便地做出供货计划，管理人员可随时掌握货源及需求情况。

（4）集成自动化仓储系统：将仓储过程各环节的作业系统集成为一个有机结合的综合系统，在仓储管理系统的统一控制指挥下，各子系统密切配合，使整个仓储系统的总体效益大大超过了各子系统独立工作的效益总和。在这一阶段，货品的仓储过程几乎不需要人的参与，可完全实现仓储的自动化。

（5）智能自动化仓储系统：人工智能技术的发展推动了自动化仓储技术向智能化方向发展。在这一阶段，系统可以完全自动运行，并根据实际运行情况，自动向人们提供许多有价值的参考信息，例如根据货品的需求情况对仓储资源的有效利用提出合理化建议；对系统运行的效果提供科学评价；根据多个客户的地理位置，提供最优化的运输路线等。但目前智能化仓储技术阶段还处于初级发展阶段，有广阔的发展空间。

二、自动化立体仓库的发展历程

仓储系统的形式和功能既根据工业自动化技术和物流技术的发展不断革新，又随着仓储对象物流过程管理要求日益提升而变化。其中由高层货架、巷道堆垛机、输送机、控制系统和计算机管理系统等构成，可以在计算机系统控制下完成单元货物的自动存取作业的自动化立体仓库作为工业技术和物流技术相互作用的革命性成果，成为仓储系统发展的重要里程碑。从简单的机械传输到集成式的工控管理，再到赋予更多决策支持属性的智能化管理系统，自动化立体仓库走过了一段曲折迭代的发展之路。

1. 国外自动化立体仓库的发展概况

美国于 1959 年开发了世界上第一座自动化立体仓库，并在 1963 年率先使用计算机进行自动化立体仓库的控制管理。此后，自动化仓库在欧美一些发达国家和日本迅速发展起来。20 世纪 70 年代以来，发达国家大力推广商品物流自动化、高速化、信息化，在各大城市纷纷建立了大型自动化立体仓库。进入 20 世纪 80 年代，自动化立体仓库在世界各国发展迅速，使用范围涉及几乎所有行业。随着科技的不断发展，先进的技术手段在自动化仓库中及时得以应用，实现了信息自动采集、物品自动分拣、自动输送、自动存取，库存控制实现了智能化，自动导引车得到广泛应用，大大提高了仓储作业效率，一座大型自动化立体仓库每小时可完成 500 ～ 800 次出入库作业。

纵观全球，美国拥有各种类型的自动化立体仓库 2 万多座，日本拥有 3.8 万多座，德国 1 万多座、英国 4000 多座。与这些发达国家相比，中国自动化立体仓库保有量依然较少，未来增长潜力巨大。

2. 我国自动化立体仓库的发展概况

我国 1973 年开始研制第一座由计算机控制的自动化立体仓库，并于 1980 年投入运行。中国自动化立体仓库的发展主要经历了起步阶段（1973~1985 年），初步发展阶段（1986~1998 年），高速发展阶段（1999~2005 年）等阶段。2006 年至今，昆船智能技术股份有限公司、沈阳新松机器人自动化股份有限公司、中航沈飞股份有限公司等国内企业异军突起，在与国外先进的物流系统集成商竞争中不断发展，在一些中低端项目中具备了较强的竞争优势，有些企业也成功进入高端项目领域。

根据深圳前瞻产业研究院发布的《2017~2022 年中国自动化立体仓库行业投资需求与发展前景分析报告》数据显示，中国每年建成的各类自动化立体仓库已经超过 400 座，截至 2020 年中国自动化立体仓库保有量大约在 4700 座以上，其中烟草、医药、零售是主要应用领域，合计占到需求量的 40% 左右。

第二节　电力行业仓储系统的应用情况

一、电力物资仓储管理

电力行业是保障国家电力能源供应的基础性民生服务行业，其生产运营涉及大量繁杂的物资管理，大到变压器、杆塔、电缆，小到螺钉螺帽、绝缘胶布、作业手套等，均需建立严密完善的仓储领料流程和相应的管理系统，尤其是在基础建设、运维检修、电力营销等专业管理中，仓储管理贯串了日常生产作业的全过程。采购入库、领料登记、余料退库等常规的作业流程对仓储系统提出了两方面的基本功能要求。

1. 可靠存储与便捷出入库

仓储系统根据仓储对象的物理属性提供适宜的仓储条件，包括储位结构、温度、湿度，确保仓储物资在一定的仓储周期内性能完好。应用越来越广泛的立体化仓储库房很好地解决了人工无序堆放带来的物资挤压受损的问题。此外，仓储系统需提供便捷的出入库功能，对于大型物资，可借助叉车或自动化输送设备来实现，相比人工搬运可大幅提升工作效率。

2. 严密信息登记确保账实一致

建立仓储台账是仓储系统运行必不可少的环节。不同的仓储物资和运行模式对台账记录的方式、颗粒度、频度提出了不同的要求，从最简单的领料簿人工登记到借助信息化系统开展出入库数据采集，本质都是对仓储物资的状态、数量变化情况通过数据的形式加以跟踪，确保仓储信息可控、在控。

二、电能计量器具仓储管理

电能计量器具是电力物资的重要组成部分，主要指用于供用电结算与数据采集的设施设备，包括各种类型的电能表、互感器、采集终端以及计量表箱等（简称表计）。表计不同于其他普通电力物资，在仓储管理过程中需考虑以下几点因素：

1. 点多面广、规模不一

表计是电力业扩报装与日常数据采集的必备物资，因此每个市县供电企业、基层供电站（所）原则上均需建立表计仓储库房，便于开展资产管理。由于各供电企业、站所的规模不同，表计仓储库房的需求容量也不同，相应的库房形式也存在差异。由于规模不一、点多面广，需要建立统一规范的建设标准，以便于推广和标准化管理。

2. 法制管理、周转频繁

电能计量器具属于国家强制检定的贸易结算计量器具，需定时定点开展计量检定，采集终端、计量箱等按照相应规范要求也需定时定点开展计量检测。按照我国目前的典型管理模式，多数省（市、自治区）建立了省级计量中心，开展表计的集中采购、集中检定检测；检定检测合格的表计逐级配送到市县供电企业，再由市县供电企业配送至基层供电站（所）；装接人员根据工作需要定时开展表计的领用、退库。省级集中检定、市县逐级配送的模式不仅可以节省检定检测资源，并且最大程度发挥了资产调剂的灵活性，提升了资产利用率，使库房的出入库频次大幅增加，客观上对出入库的效率提出了更高的要求。

3. 先检先出、精益管理

表计的性能一定程度上与仓储时间有关联，例如电能表内维持时钟准确性的电池电量会随着闲置时长而衰减。因此，从法制计量管理的角度和电能计量精益化管理的角度出发，检定合格的计量器具按照检定时间的先后有序装用成为了一项客观的管理要求。表计先检先出对仓储系统的数据分析处理能力的需求和对数据交互形式、资产组合方式等综合处理的需要，远远超出了普通的资产出入登记范畴。

三、市县供电企业智能化电能计量仓储系统建设管理

在全寿命周期管理的采购到货、设备验收、检定检验、仓储配送、设备安装、设备运行、设备拆除、设备报废八个环节中，除了设备安装和设备运行外，都与计量仓储系统有着密切的业务关联。此外，伴随电力能源互联网的建设兴起，新一代智能电能表、能源路由器等计量采集设备逐步投入市场，电能计量终端具有大量、多元、异构的发展趋势，对仓储条件提出了更高的要求，同时赋予了仓储系统数据感知传输中台的功能角色，计量仓储管理在电力计量管理乃至电力营销服务领域的基础支撑作用日益凸显。

随着计量资产精益化管理的要求越来越高，省级计量中心经过多年建设已实现了整体式授权、自动化检定、智能化仓储、物流化配送的目标，但各市县供电企业计量仓储库房仍沿用传统人工取放平库和离线运行的机械库房，智能化、自动化、信息化程度较低，严重影响了整个计量资产物流供应链管理水平，成为整个计量资产供应链管理的瓶颈。建设市县供电企业智能化电能计量仓储系统，构建省－市（县）－所三级无缝接驳的智能化计量资产供应链已成为适应电力能源经济发展的必要措施。

第二章　建设目标与原则要求

第一节　建设原则

市县供电企业智能化电能计量仓储系统建设需结合管理实际和业务需求，根据所辖区域的用表量、场地条件、发展趋势等情况，科学合理规划仓储系统的规模、形式布局，综合考虑配送、装接与日常管理的便利性，充分利用和有效整合现有资源，达到规模适度、功能完善、流程顺畅、集约高效等要求，尽量与计量生产管理紧密衔接，并考虑适度冗余。建设原则主要包括以下 5 个方面：

1. 因地制宜、继承发展

市县供电企业应根据原有计量表库的实际情况，充分整合、优化、利用现有资源，遵循统一的技术规范标准进行建设改造，实现与省级计量中心配送模式有效对接，总体部署、高效兼容。

2. 科学规划、合理储备

统筹布局空间，科学划分区域，缓解物流输送压力，均衡设备使用率，提高设备运行效率。仓储库容以满足日常营业用表为前提适当规划，以适应未来发展的需要，保证设计合理，经济实用。

3. 加快周转、质保可用

充分考虑省市（县）所三级智能仓储系统的协同配合，综合平衡库存表计的种类和数量，统筹调度，利用平衡利库加快表计周转，保证效率优先、运转顺畅。将备表冗余尽可能设置在供应链的前端，提高综合调度的灵活性，最大程度避免物资闲置积压造成的经济损失。

4. 规范作业、信息一致

表计在接收、仓储、配送等作业环节，应即时完成实物表计的物流管理，在规定时限内完成业务流程处理，通过仓储系统硬件状态感知驱动管理系统业务流程的运行，利用数据反馈确保微机信息与实物信息一致，保证功能完善、逻辑严密。

5. 安全可靠、风险可控

注重安全防护，确保人身和设备安全，加强信息安全风险管理，对关键操作和敏感数据进行重点防护，对核心数据采取良好的备份和恢复措施，保证风险可控、保障稳健。

第二节　建设目标

市县供电企业智能化电能计量仓储系统的建设目标是：深入推进电力计量体系建设，深化计量物资集约化管理，提升各市县供电企业计量资产管理精益化水平，在现有省级计量器具智能化库房建设基础上，深入推进市县供电企业计量仓储体系标准化、智能化建设。通过开展计量仓储系统顶层设计，以优化业务流程为导向，从硬件设计、软件设计、运行管理等方面入手，全面统筹市县供电企业智能库房建设，建立完善库房管理制度体系，实现省计量中心—市（县）公司—供电所（客服分中心）智能化计量资产供应链管理水平全面提升。

计量仓储体系总体构架如图 2-1 所示。

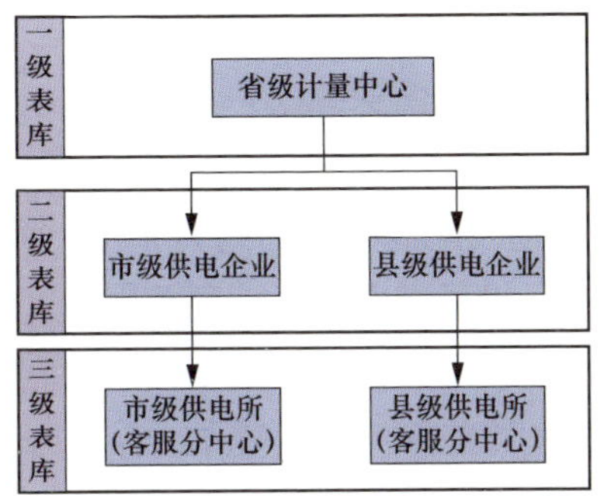

图 2-1　计量仓储体系总体构架

省级计量中心建立的表计仓储库房为一级表库，各市县供电企业所在地建立的表计仓储库房为二级表库，各市县供电企业管辖的供电所（客服分中心）建立的表计仓储库房为三级表库。省级计量中心一级表库表计直配至市县供电公司二级表库，各二级表库表计直配至所管辖供电所（客服分中心）三级表库，在条件许可时，省级计量中心一级表库表计可直配至所管辖供电所（客服分中心）三级表库。

第三节　建设要求

库房在开工建设前，应编制详尽的建设方案，至少包含组织结构、施工内容、施工管控、安全措施、里程碑计划等。其中需重点关注以下 9 个方面：

一、库容设计

表库容量可按市县供电公司在线运行的电能表、低压电流互感器、采集终端等表计进行测算。综合表计的年度轮换、故障和新装等数据，考虑预留两周用表量和拆回旧表暂存需求，一般取运行表计数量的 2%~5% 作为库容设计值。

表库容量的大小还与配送频次，尤其是上级库房的配送频次密切相关，两周用表量的设计参考对应着每月 2 次的配送频率。若二级表库地处偏远，配送频次为每月 1 次，可适当扩大库容；相反，若物流方便，少量多次配送，则可以适度缩小库容。总地来说，库容以满足实际用表需求并适度冗余为宜，过大、过量设计不仅浪费投资，还可能降低运行效率，存在运营弊端。

库容设计确定之后，需要进一步确定库房货位数，计算方式如下：

$$2\%N_i \leqslant X_i \leqslant 5\%N_i \quad (2\text{-}1)$$

$$\sum 2\%\frac{N_i}{C_i} \leqslant \sum\frac{X_i}{C_i} \leqslant \sum 5\%\frac{N_i}{C_i} \quad (2\text{-}2)$$

$$Y = \sum\frac{X_i}{C_i} \quad (2\text{-}3)$$

式中 N_i——建设单位电能计量器具运行数量，如单相电能表运行数量 N_1，三相电能表运行数量 N_2，低压电流互感器运行数量 N_3，Ⅱ型采集器运行数量 N_4 等；

X_i——建设单位所需电能计量器具库容数量，如单相电能表运行数量 X_1，三相电能表运行数量 X_2，低压电流互感器运行数量 X_3，Ⅱ型采集器运行数量 X_4 等；

C_i——建设单位电能计量器具周转箱容量，如单相电能表表箱容量 C_1，三相电能表表箱容量 C_2，低压电流互感器表箱容量 C_3，Ⅱ型采集器表箱容量 C_4 等；

Y——库房总容量，箱。

$$Y=kY_1+Y_2 \quad (2\text{-}4)$$

式中 Y_1——托盘货位数量；

Y_2——表箱货位数量；

k——单托盘可容纳表箱数量。

三级表库库容一般需满足相应供电区域两周内零星用表需求，并根据当地实际用表情况进行适当调整，实现存储容量最大化。

二、场地条件

场地选取首先需满足库存容量要求，再综合考虑出入库效率、作业模式、经济效益、环境等间接因素。

1. 场地选址

智能表库是营销计量管理的重要组成部分，因此表库的选址应和营销计量生产管理办公场地同步规划，以同一厂区或者就近选址为宜，便于作业管理。二级表库定时接受一级表库资产配送，不定时向三级表库配送资产，对物流交通的便利性有要求，所选地址应尽可能处于主要配送点的几何中心，缩短综合配送路径，提高配送效率。二级表库所选地址与配送点之间应具备资产配送厢式货车通行条件。三级表库对于空间要求不大，设置于供电站所生产用房内即可。

2. 场地大小

智能表库场地大小受库容、库房模式、场地结构等多方面因素影响，难以给出唯一标准，尤其对于二级表库来说，一般根据企业需求结合场地条件进行个性化定制设计，但可根据实际建设经验总结出一般规律：表计运行数在 50 万只及以上的，二级表库库房面积宜在 300m^2 以上，层高宜在 5m 以上；表计运行数在 20 万 ~50 万只的，二级表库库房面积宜在 200m^2 以上，层高宜在 5m 以上；表计运行数在 20 万只以下的，二级表库库房面积宜在 80m^2 以上，层高宜在 5m 以上。场地以四方平整为宜，若空间不规则或存在无法避让的立柱等制约条件影响空间利用率的，应在上述标准基础上适度扩大场地面积。

三级表库的场地面积不小于 30m^2，层高不小于 3m。

3. 库房模式

二级表库场地选择需同步考虑库房建设模式，主要包括仓储形式和输送方式。尤其对于场地条件不宽裕的企业，需根据场地条件来倒推可行的建设模式，并验证是否满足实际生产需要，经过多个来回的修正达到最佳效果。从场地条件考虑，对库房模式简要分析如下：

在仓储形式上，二级表库主要有周转箱存储和托盘存储两类，区别体现在纵向空间利用上。周转箱仓储货位纵向尺寸相对较小，可充分利用空间高度设置合适的货位层数，保证出入灵活，但由于上下层周转箱之间存在一定的操作空隙，整体的库存容量相对受限，因此更适合于仓储空间足够并且业务操作上以小批量出库为主的库房。托盘仓储货位承载若干层周转箱无缝拼叠，纵向尺寸相对较大，每一层货格一般需要至少 1.3m 的纵向空间，因此对场地高度提出了更高的要求，5m 以下空间较难取得较好的利用率，且出库灵活性受限，但同样空间存储容量大，因此适合场地面积不充裕但空间高度较高、库容量较大的库房。

在输送方式上，二级表库主要有堆垛机和子母穿梭车两类，区别体现在工作原理和库房空间形状的适应性上。堆垛机的纵向运动、横向运动、存货动作和取货动作一体完成，设备造价较高且运动时存在加速过程，故适合于在高度、长度上有优势，具备运动加速条件、深度较浅、不超过 2 个巷道的库房；子母穿梭车的纵向运动、横向运动、存货动作和取货动作分别由提升机、母车、子车完成，设备单价较小、设置灵活，但存在各个动作之间的衔接步骤，出入效率不如堆垛机高，故适合于整体空间较小（尤其高度受限）的库房。

4. 其他要求

（1）地面承重要求。表库场地地面应考虑地质状况和工作载

荷，地面承载能力需达到一定要求，计算方式如下：

$$F=\mu\times\frac{X_1G_1+X_2G_2+G_3}{S} \tag{2-5}$$

式中　F——地面承载能力，N；

μ——裕度系数；

X_1——托盘货位数量；

G_1——1 满托表计与托盘总重力，N；

X_2——箱货位数量；

G_2——1 货箱表计与货箱总重力，N；

G_3——货架或货柜重力，N；

S——货架或货柜占地面积，m^2。

一般而言，托盘库地面平均承重不低于 900kg/m^2，箱表库地面平均承重不低于 400kg/m^2，具体指标以建设方案为准。二级库优先建设在一楼，若地面承重性能达不到要求，应采取加固措施，加固效果以评测达标为准。

需严格控制货架和堆垛机轨道基础承载板的不均匀沉降变形，在最大载荷下，货架区域整个基础地坪不均匀沉降不大于 1/1000，整个货架区域地面不平度在整体长度和宽度方向上极限偏差为 ±10mm。

（2）墙面整洁即可，若设有窗户，应加装窗帘，避免阳光直射干扰识别设备正常运行。

三、出入库能力

出入库能力是库房的一项重要性能指标，直观体现为取货的快慢，与库房的运行质量和使用体验有直接关联。二级表库出入库能力需满足企业根据实际需要设定的建设标准。在实际建设和验收环节，出入库能力验证可以采用极限测试法或全库测试法，并可适度借鉴物流领域通用的理论测试方法。

1. 极限测试法

锁定库房中距离出入库口最远物理路径的储位，由系统控制开展该极限储位的定向出库和入库，取出库和入库的时间平均值，折算单位时间内的出入库资产数量。极限测试法的结果体现的是库房实际运行的最低效率。若该结果已满足设计阈值，则该库房实际出入库效率必然满足生产需求，在实际建设验收中具有明确的指导意义。

2. 全库测试法

将待测库房库存清空，开展连续入库作业，直至满库；再将满库的资产连续出库，直至库存为零，分别记录入库和出库用时，取平均值，折算单位时间内的出入库资产数量。全库测试法的结果体现的是库房的综合出入库效率，也可称为平均效率，理论上最接近实际生产运行效率，具有科学性，但操作过程相对繁琐。

3. 理论测试法

以物流领域通用的堆垛机库房为例，出入库能力主要受堆垛机性能、运行循环时间影响。出入库时间主要取决于辊筒线运行时间、堆垛机运行时间和货叉运行时间。

实际运行中，出入库口至每一台堆垛机的距离一定，辊筒线一般为匀速运行。理论测算时，取辊筒线运行时间为出入库口到每一台堆垛机时间的平均值，为 t'。

堆垛机运行时间取 x 轴（水平）运行时间、y 轴（垂直）运行时间的最大值。

$$t=t_1+t_2 \tag{2-6}$$

式中 t_1——堆垛机运行时间，s；

t_2——货叉运行时间，s。

$$t_1=\max\left\{t_x,t_y\right\}$$

堆垛机运行特性曲线如图 2-2 所示。

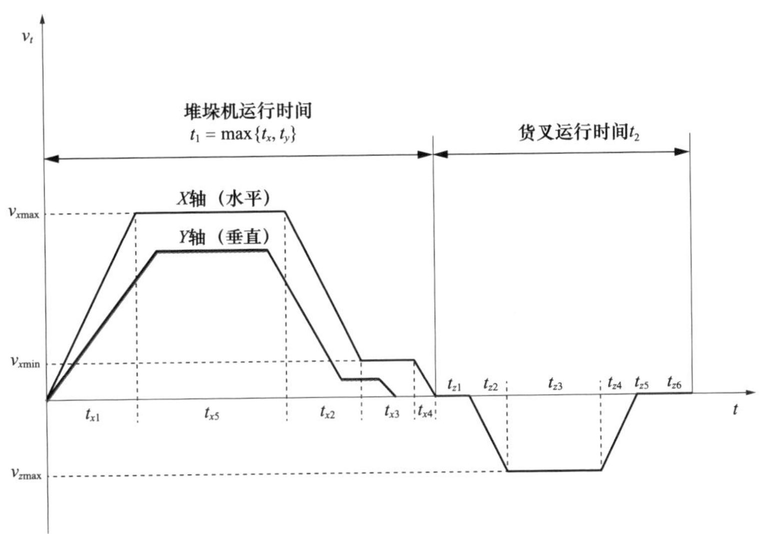

图 2-2　堆垛机运行特性曲线

x 轴（水平）运行时间主要由 x 轴（水平）加速时间、x 轴（水平）减速时间、x 轴（水平）低速时间、x 轴（水平）停车时间、x 轴（水平）高速时间组成。

$$t_x=t_{x1}+t_{x2}+t_{x3}+t_{x4}+t_{x5} \tag{2-7}$$

式中　t_x——x 轴（水平）运行时间，s；

t_{x1}——x 轴（水平）加速时间，s；

t_{x2}——x 轴（水平）减速时间，s；

t_{x3}——x 轴（水平）低速时间，s；

t_{x4}——x 轴（水平）停车时间，s；

t_{x5}——x 轴（水平）高速时间，s。

x 轴（水平）加速时间、x 轴（水平）减速时间、x 轴（水平）低速时间、x 轴（水平）停车时间计算公式如下：

$$t_{x1}=v_{xmax}/a_x \tag{2-8}$$

$$t_{x2}=(v_{xmax}-v_{xmix})/a_x \tag{2-9}$$

$$t_{x3}=\text{常量} \tag{2-10}$$

$$t_{x4}=v_{xmin}/a_x \tag{2-11}$$

$$t_{x5}=S_{x5}/v_{xmax} \tag{2-12}$$

$$S_{x1}=0.5a_x \times t_{x1}^{\ 2} \tag{2-13}$$

$$S_{x2}=[v_{xmax}^{\ 2}-v_{xmin}^{\ 2}]/(2a_x) \tag{2-14}$$

$$S_{x3}=v_{xmin} \times t_{x3} \tag{2-15}$$

$$S_{x4}=0.5a_x \times t_{x4}^{\ 2} \tag{2-16}$$

$$S_{x5}=S_x-S_{x1}-S_{x2}-S_{x3}-S_{x4} \tag{2-17}$$

式中 v_{xmax}——x 轴（水平）最高运行速度，m/s；

v_{xmin}——x 轴（水平）最低运行速度，m/s；

a_x——x 轴（水平）加速度，m/s^2；

S_x——x 轴（水平）距离，m；

S_{x1}——x 轴（水平）加速距离，m；

S_{x2}——x 轴（水平）减速距离，m；

S_{x3}——x 轴（水平）低速距离，m；

S_{x4}——x 轴（水平）停车距离，m；

S_{x5}——x 轴（水平）高速距离，m。

y 轴（垂直）运行时间与 x 轴（水平）运行时间公式同理计算，此处不再赘述。

$$t_y=t_{y1}+t_{y2}+t_{y3}+t_{y4}+t_{y5} \tag{2-18}$$

式中 t_{y1}——y 轴（水平）加速时间，s；

t_{y2}——y 轴（水平）减速时间，s；

t_{y3}——y 轴（水平）低速时间，s；

t_{y4}——y 轴（水平）停车时间，s；

t_{y5}——y 轴（水平）高速时间，s。

z 轴（货叉）运行时间主要由 z 轴（货叉）加速时间、z 轴（货叉）减速时间、z 轴（货叉）匀速时间、货叉到位等待时间、货叉微升时间、堆垛机运行到位等待时间组成。由于出入库口、货位取放货物重复动作，货叉运行时间需按 4 倍计算，货叉微升时间、堆垛机到位等待时间需按 2 倍计算：

$$t_z=4\times(t_{z2}+t_{z3}+t_{z4}+t_{z5})+2t_{z6}+2t_{z1} \tag{2-19}$$

式中　t_{z1}= 常量，s；

$t_{z2}=v_{zmax}/a_z$，s；

$t_{z3}=S_{z3}/v_{zmax}$，s；

$t_{z4}=t_{z2}$，s；

t_{z5}= 常量，s；

t_{z6}= 常量，s；

$S_{z2}=0.5a_z\times t_{z2}^2$，m；

$S_{z3}=S_z-2S_{z4}$，m；

$S_{z4}=S_{z2}$，m。

式中　t_z——z 轴（货叉）运行时间，s；

t_{z1}——堆垛机到位等待时间，s；

t_{z2}——z 轴（货叉）加速时间，s；

t_{z3}——z 轴（货叉）匀速时间，s；

t_{z4}——z 轴（货叉）减速时间，s；

t_{z5}——货叉到位等待时间，s；

t_{z6}——货叉微升时间，s；

S_{z2}——z 轴（货叉）加速距离，m；

S_{z3}——z 轴（货叉）匀速距离，m；

S_{z4}——z 轴（货叉）减速距离，m。

t_{z1}、t_{z5}、t_{z6} 为常量。

出入库能力测算：根据欧洲机械搬运协会标准 FEM9.851《有轨巷道堆垛机起重机性能参数　循环时间》，堆垛机的工作循环时间取 $P_1(S_x/5, 2S_y/3)$, $P_2(4S_x/5, S_y/3)$ 测算作业循环时间的近似值。堆垛机的循环时间包括平均单一作业循环时间和平均复合作业循环时间。

1. 平均单一作业循环时间

平均单一作业循环时间是堆垛机从出入库工作台到达所有货位的出入库综合时间。当库容量大时，直接计算作业周期的计算量很大，故一般采用简易算法。单一作业循环模拟图如图 2-3 所示。

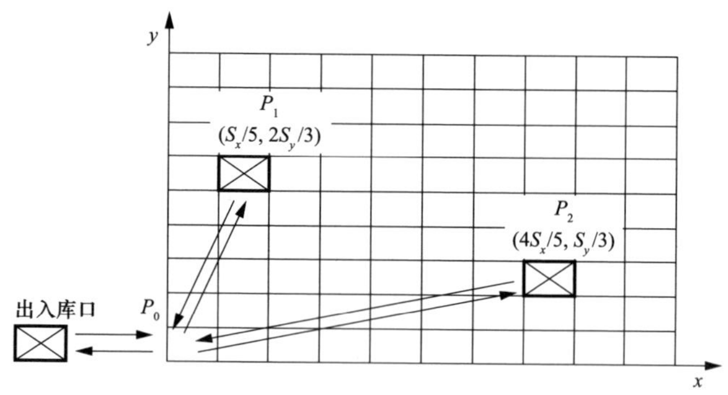

图 2-3　单一作业循环模拟图

即：

$$t_{ms} = 2t' + \frac{1}{2}[t(P_1) + t(P_2)] \tag{2-20}$$

也可将上公式分解为：

$$t_{ms} = 2t' + t_{P1} + t_{P2} + t_z \tag{2-21}$$

式中　t_{ms}——平均单一作业周期，s；

$t(P_1)$——堆垛机完成 P_1 货位的作业周期，s；

$t(P_2)$——堆垛机完成 P_2 货位的作业周期，s；

t'——出入库口至 P_0 点辊筒线的运行时间，s；

t_{P1}——P_0 点到 P_1 点的运行时间，s，$t_{P1}=\max\left\{t_{P1x},t_{P1y}\right\}$；

t_{P2}——P_0 点到 P_2 点的运行时间，s，$t_{P2}=\max\left\{t_{P2x},t_{P2y}\right\}$；

t_{P1x}、t_{P2x}——从 O 点到 P_1、P_2 点的水平运行时间，s；

t_{P1y}、t_{P2y}——从 O 点到 P_1、P_2 点的垂直运行时间，s；

t_z——货叉叉取（或存放）的作业时间，s。

2. 平均复合作业循环时间

平均复合作业循环时间是堆垛机从出入库台取一个货物单元送到选定的货位，然后直接转移到另一个给定货位，取出其中的货物单元，回到出入库台出库的时间。

如图 2-4 所示，复合作业周期是按 $P_0\rightarrow P_1\rightarrow P_2\rightarrow P_0$ 的总时间来计算的。

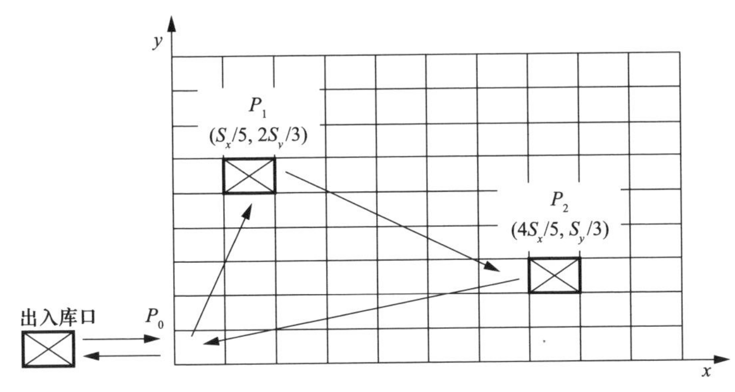

图 2-4　复合作业循环模拟图

P_1、P_2 点的定义与单一作业周期的计算一样，则复合作业周期的经验计算公式为：

$$t_{md}=2t'+t_{P1}+t_{P1P2}+t_{P2}+2t_z \tag{2–22}$$

式中 t_{md}——平均复合作业周期，s；

t'——出入库口至 P_0 点辊筒线的运行时间，s；

t_{P1}——P_0 点到 P_1 点的运行时间，$t_{P1}=\max\{t_{P1x}, t_{P1y}\}$，s；

t_{P2}——P_0 点到 P_2 点的运行时间，$t_{P2}=\max\{t_{P2x}, t_{P2y}\}$，s；

t_{P1P2}——堆垛机从 P_1 点到 P_2 点的运行时间，s；

t_z——货叉叉取（或存放）的作业时间，s。

3. 立体库出入库能力的计算

立体库的出入库能力用表库每小时平均入库或出库的货物单元数来表示。堆垛机的出入库能力也就是指每台堆垛机每小时平均入库或出库的货物单元数。

采用单一作业方式时，堆垛机的出入库能力为：

$$P_1=3600/t_{ms} \tag{2–23}$$

式中 P_1——每小时出库或入库货物单元数；

t_{ms}——单一作业周期，s。

采用复合作业方式时，堆垛机的出入库能力为：

$$P_1=3600/t_{md}\times 2 \tag{2–24}$$

式中 t_{md}——复合作业周期，s。

若库内有 n 台堆垛机（即巷道数为 n 个），则仓库的出入库能力为 $P=nP_1$。

四、区域规划

智能化电能计量仓储系统按照功能可以划分为作业区与仓储区，如图 2–5 所示。作业区包括装卸区、收货暂存区、出库（配送）暂存区、仓储装备区、周转物料堆放区。仓储区主要由货架和输送系统组成。

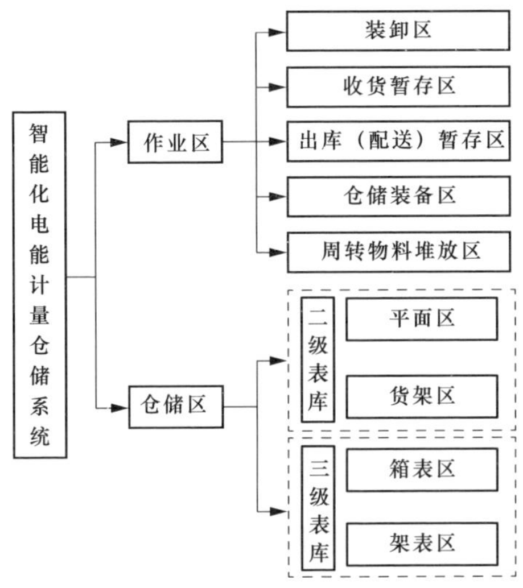

图 2-5　智能化电能计量仓储系统功能区域规划

各区域功能和作用如下：

1. 装卸区

装卸区主要用于表计等货物交接、装卸，充分考虑装卸操作的方便、快捷、安全。新建二级表库要求卸货平台带有车厢接口跳板与防撞装置，高度与配送车厢高度持平，可用手动液压搬运车将整个托盘直接送至卸货平台。卸货平台应配备防雨棚，防雨棚长度应大于卸货平台，延伸至配送车厢，高度至少 4m，长度至少 5m，防雨棚的斜度宜往内部倾斜，避免雨水滴落到表计上。若表库与卸货地点不在同一平面，应配置专用货梯。

2. 收货暂存区

收货暂存区用于存放已通过验收交接但尚未进入仓储货位的表计。一级表库的表计资产配送到位后，一般需要由库管人员清点资产品规和数量，确认无误后和物流配送人员交接，验收交接的资产在规定的时间内操作入库。相比于从配送车直接入库的方式，设置收货暂存环节可大幅减小物流车辆的停留时间，提高物流效率；若有资产错位等情况，可在验收交接环节及时发现，避免入库中途故障。收货暂存区的大小根据单次配送量确定，一般应不小于单次最大配送资产暂存所需面积。

3. 出库（配送）暂存区

出库（配送）暂存区用于存放已办理出库手续但尚未装车配送的表计。二级表库承担着三级表库配送和批量配表的任务，呈现一对多的操作模式，日常工作中存在多个任务同时等待出库的情况。因此对于已经发起待领的资产，一般需提前一天出库、暂存，将出库任务有效均分，大幅缩短领用等待时间。出库（配送）暂存区的面积根据实际生产运营需要确定，一般不小于30m^2。三级表库对暂存区不作要求。

4. 仓储装备区

仓储装备区用于存放各类物流作业工具，如叉车、手推车等。仓储装备的类型和数量根据表库规模和实际需求配置，不作硬性统一要求。

5. 周转物料堆放区

周转物料堆放区用于周转物料的临时存放。周转物料主要包括托盘和周转箱等。周转物料堆放区面积根据表库规模和周转频次、效率确定，以满足实际生产运营需要为宜。

6. 平面区

平面区主要用于存储待检和已检高压互感器。高压互感器个体较大，且非批量统一的表计，故一般不纳入表库系统，设置地面定制平面区存放。

7. 货架区

货架可分为普通货架与自动存储货架，主要用于存放除高压互感器外的其他各类电能计量器具。普通货架可作为自动存储货架的补充，用于旧表计分拣暂存等。

8. 架表区

架表区用于零星表计的仓储。

9. 箱表区

箱表与架表配合，用于架表的及时补充。箱表区用于存放接收合格表计以及回退客户申校表与故障鉴定分析表等。

表库作业区应配备视频监控设备，库门、卸货平台、卸货交接处、库房内部应装设视频监视设备。此外，表库出入库大门能适应整个托盘搬运，宜装设门禁系统，便于托盘装载信息快速识别，表库大门宽度应大于 1400mm。仓储区应按有关消防建设要求配备必要的消防设施。

五、业务策略

为加快表计的周转效率，提升表库利用率和作业效率，在软硬件设计过程中需设置相应的出入库和存储策略，根据实际需求单一设置或者组合设置。

1. 先检先出

检定时间较早的表计优先出库，避免表计因为长期在库闲置导致性能受损。

2. 不满优先

不满的周转箱或者不满的托盘优先出库，提升库房的利用率。

3. 允许拣选

对于数量不成托（箱）的出库任务，允许从出库的周转箱或托盘中拣选需要的表计，拣选后余托（箱）自动回库存储。

4. 最少次数优先

对于既定数量的出库任务，以适当的托盘、周转箱和架表的组合形式满足数量，尽可能避免拣选。

5. 就近出入库

出入库时优先使用靠近出入库口的货物位置，缩短输送设备的行程。

6. 分区均匀存储

相同规格的表计均匀存放至不同巷道，防止某一巷道设备故障无法出库。

六、安全要求

1. 二级表库

库房中凡是可能发生人员、设备损伤的地方，均应设置防护栏、围栏、安全网等，并设安全警示牌；在每个出入库口配置安全防误、载荷外形检测装置。库房中设备应具有控制电路的失压保护、操作开关的零位保护、电动机正反转联锁、短路和过电流保护等各种安全保护，并在必要位置设置急停开关，保证故障发生后能发出声光报警，以引起操作人员注意，及时排除故障。当故障无法短时间排除或设备停电时，应能够通过手动或电动操作完成表计应急出入库。库房整体应参照国家相关标准进行专门消防设计。

2. 三级表库

表库所用周转箱货架和智能表架均应设置防护罩，金属外壳应可靠接地。三级表库在设备故障时能使用急停开关及时停止设备，表计在停电或故障期间能应急出库。

七、工作要求

建设过程中，应注意库房正常工作时需满足的相关要求：工作电源要求采用三相五线制，交流电压满足 220/380V ± 10%，频率满足 50 ± 1Hz；接地要求安全可靠，保证设备接地电阻小于 4Ω，计算机接地电阻小于 1Ω；环境要求为保证在常温常湿下正常工作。

八、验收要求

1. 现场验收

建设单位系统调试完成后开展自验收工作，确定系统功能、技术指标满足招标技术规范要求后，向项目实施组织机构提交现场验收申请，并准备好项目建设方案（设计原理图、产品说明书等）、自验收报告、测试运行数据、系统操作手册、调试消缺记录等配套资料。实施组织机构收到建设单位的自验收报告后，仔细审查资料内容是否齐全、详实，与实际情况是否一致。若审查通过，则安排现场验收；否则退还资料并驳回现场验收申请。

2. 试运行

现场验收通过后开展试运行，周期一般为 3 个月。试运行期间，建设单位应以书面形式详细积累运行数据和故障消缺数据，不断磨合各软件、硬件模块，确保运行稳定性。项目单位按照实际生产模式使用库房，主动挖掘问题、发现问题，做好与建设单位的沟通对接工作。

3. 竣工验收

在试运行结束完成设备消缺后，项目单位确认智能表库功能满足要求后，组织开展竣工验收，主要包括资料审查、现场验收两个环节。资料审查是对项目工作报告、项目技术报告、作业指导书、操作手册、自验收报告等资料完整规范进行审查。现场验收主要是开展全流程业务测试，重点关注系统运行是否正常、功能和关键技术指标是否满足技术方案要求，并根据实际情况出具验收报告、缺陷整改单等。

九、其他要求

库房电源、网络、消防、照明等基建规划应合理，消防设施建设应在基建环节同步实施，相应方案应符合消防专业标准，确保库房通过消防主管部门验收。制定科学的里程碑计划，明确库房基础建设、硬件搭建、系统联调、项目验收等环节时间节点，确保时间分配合理，满足工程进度要求。

第三章　典型设计方案

第一节　智能托盘库

智能托盘库将托盘作为货物基本仓储单元，通过仓储系统软件实现仓储与出入库作业的自动化。每个托盘采用交叉码盘的方式，可叠放多层周转箱，叠放高度应充分考虑安全性。根据托盘库传输结构差异，一般可分为堆垛机托盘库和子母穿梭车托盘库。在面积满足要求的前提下，库房层高 5m 以上的宜采用堆垛机托盘库，库房层高 5m 及以下的宜采用子母穿梭车托盘库。

一、硬件设计

1. 堆垛机托盘库

堆垛机托盘库由货架、托盘、堆垛机和输送设备等组成，实现托盘的自动仓储与出入库作业。托盘库可设计为单伸位和双伸位两种方式，如图 3–1 所示。

（1）货架。货架一般采用独立钢结构的组合横梁式货架，主要由立柱、货架片、横梁、垂直拉杆、水平拉杆、吊梁等部分组成，如图 3–2 所示。货架立柱材料一般采用 SS400 冷轧钢卷，保证足够的强度和稳定性。货架片为组合式，在两个立柱之间一般采用 C 型型材连接成片状框架，由横梁连接在一起。垂直拉杆分布在货架两端及中部的背后，对整个货架起到顺巷道方向的稳定作用。货架一般 4~5m 安装水平拉杆，对整个货架的平面方向起到稳定作用。两侧货架通过螺栓与吊梁连接加固，吊梁位于两侧货架上方中间位置，是用于安装堆垛机运行天轨的支撑结构。货架载荷能力一般按照一托盘承载计量器具最重重量的 2 倍考虑。

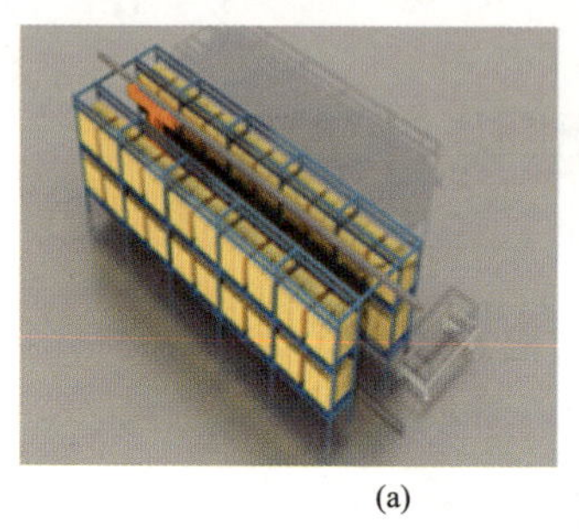

(a)

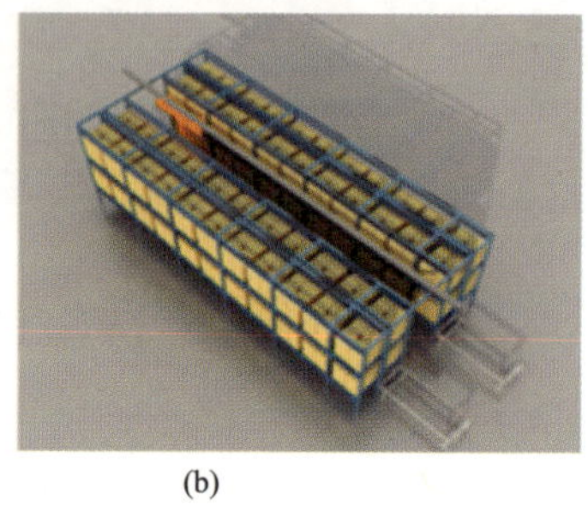

(b)

图 3-1　堆垛机托盘库

（a）单伸位堆垛机托盘库；（b）双伸位堆垛机托盘库

图 3-2　托盘货架

（2）托盘堆垛机。托盘堆垛机可沿着轨道在巷道平面内移动，能够安全、高密度、高能效地在立体货架中快速存取托盘。托盘堆垛机主要由金属结构、载货台、行走机构、升降机构、货叉伸缩机构、电气控制系统及安全装置等机构组成，如图 3-3 所示。堆垛机调速范围应满足托盘库出入库效率的设计值，货叉与托盘间静摩擦系数按货叉伸缩最大加速度考虑，载荷能力一般按照一托盘承载计量器具最重重量的 2 倍考虑。

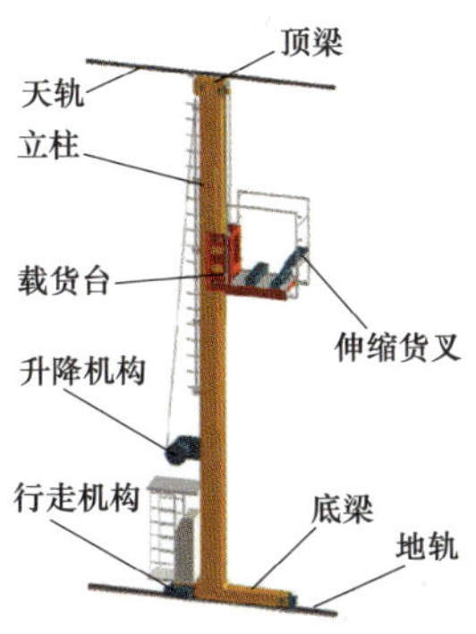

图 3–3　托盘堆垛机

（3）输送设备。托盘输送机作为主要输送设备，将入库的托盘输送至堆垛机的作业位置或将出库托盘货物输送至出库口，由平行于巷道的链式输送机、垂直于巷道的辊式输送机以及它们交叉处转弯用曲柄式辊子升降台等组成，如图 3–4 所示。输送速度可调，一般在 15~20m/min 内，满足输送节拍要求。链条输送机和辊式输送机的静摩擦系数均按输送机最大加速度考虑，载荷能力一般按照一托盘承载计量器具最重重量的 2 倍考虑。

图 3–4　托盘输送机

堆垛机在巷道平面内同时做横向与纵向运动，每个巷道平面内堆垛机独立作业。堆垛机的每次取放货运行过程一般为启动、加速、匀速、减速、停止五个阶段，库房的长度和高度应合理设计，尽可能使堆垛机的平均运行速度达到最优，提升出入库作业效率。

2. 子母穿梭车托盘库

子母穿梭车托盘库主要由穿梭式货架、子母穿梭车、提升机和输送设备等组成，以托盘为基本仓储单元，实现托盘的自动仓储与出入库作业，如图 3–5 所示。

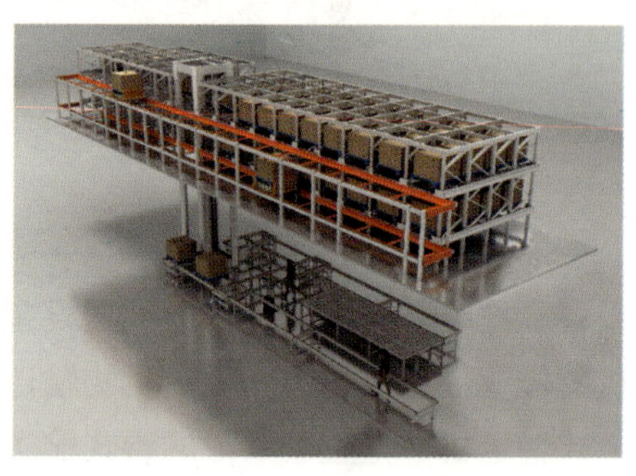

图 3–5　子母穿梭车托盘库

（1）穿梭式货架。穿梭式货架由立体货架和高精度导轨组成，可以让穿梭车在上面平稳运行。导轨同时承担货物输送和货物存储功能，极大提高了仓储空间利用率，如图 3–6 所示。穿梭式货架是高层货架存储区中存放托盘货物的主体结构，需具备足够的强度、刚度及整体稳定性，尺寸精度要求高。立体货架主要由货架片、载货横梁和加强支撑杆件等组成。货架片是整个货架的主支撑结构，由立柱与横支撑、斜支撑螺栓衔接而成，立柱一般采用新型 Ω 型结构，用 SS400 钢材冷轧成型。横梁为自行轧制的一体式抱合梁，挠度小于 1/200。

（2）子母穿梭车。子母穿梭车由穿梭母车和穿梭子车组成，在穿梭式货架的主线和巷道上往复运动，实现托盘的快速取放，如图 3–7 所示。穿梭母车由行走驱动机构及横移机构组成，在主线上行走，到达作业巷道后，释放或接收子车。穿梭子车由行走驱动机构、顶升机构和载货台组成，在作业巷道与穿梭母车同步往返搬运

托盘货物。子母穿梭车与提升机配合完成不同层数的托盘货物的移载工作。子母穿梭车和提升机调速范围应满足托盘库输送效率，载荷能力一般按照一托盘承载计量器具最重重量的 2 倍考虑。

图 3-6　穿梭式货架

图 3-7　子母穿梭车

（3）输送设备。子母穿梭车托盘库输送设备与堆垛机托盘库输送设备基本相同，由链式输送机、辊式输送机以及曲柄式辊子升降台组成，将托盘送至提升机作业位置或将托盘输送至出库口。

子母穿梭车托盘库在巷道两端都配置主线和穿梭车时，子母穿梭车可从巷道两端同时取放货物，但无法将巷道中间托盘直接出库，所以原则上一个巷道只能放置一种货物。托盘库中子母车横向运动、提升机纵向运动。每层巷道设置子母车，不同巷道之间独立作业，不同层货架间公用提升机，故库房设计容量满足需求时，货架层数越少、巷道长度越长，相对出入库效率越高。

二、软件设计

1. 系统架构

托盘库系统分为管理软件与控制软件。表库管理软件主要对出入库流程、货位及物料进行管理，通过接口获取上层业务管理系统的出入库任务，按存取规则将任务分解成出入库指令，下达给仓储系统控制软件，一般采用浏览器 / 服务器（Browser/Server，B/S）架构模式部署。控制软件主要是接收作业指令信息，通过控制器调度库房设备完成各类作业指令，并实时监视设备运行状况、故障告警等动态信息，一般采用客服机 / 服务器（Client/Server，C/S）架构模式部署。

托盘库智能仓储系统架构图如图 3-8 所示。

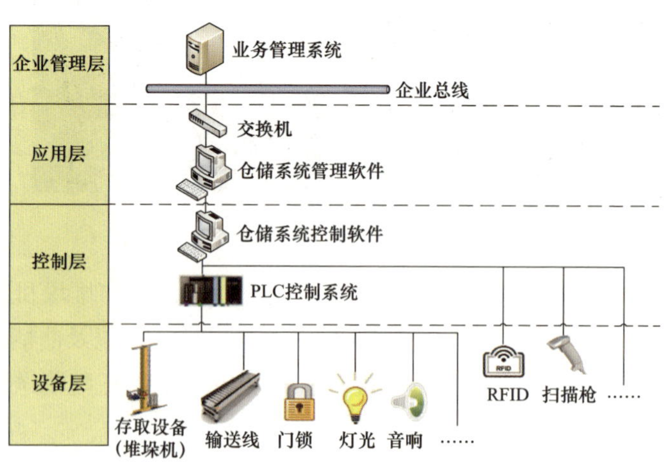

图 3-8　托盘库智能仓储系统架构图

2. 系统功能

托盘库系统的功能主要包括系统管理、出入库管理、库存管理、系统控制、告警监控、查询统计、接口交互等，功能框架图如图 3-9 所示。

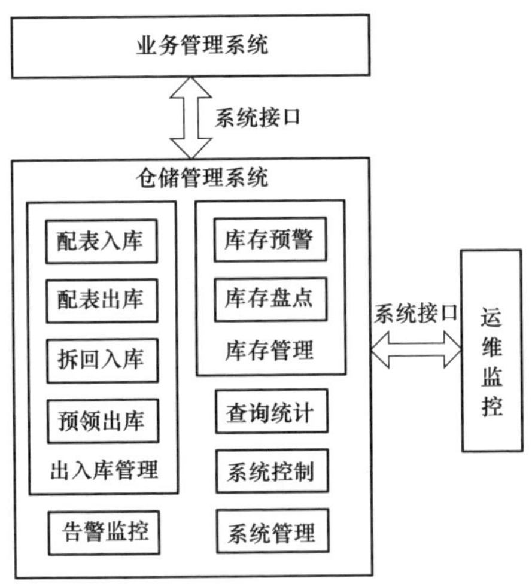

图 3-9　功能框架图

（1）系统管理。

1）系统角色、用户及操作权限管理，通过对人员的管理进行系统资源的配置，完成系统功能权限管理和数据权限管理。

2）基础数据管理，包括对各种仓库信息、库区信息、货位信息、设备信息、物料信息等的管理。

3）出入库优先级和存取规则设置，一般设置的规则包括先检先出出库规则（按库存设备检定时间）、立库就近存放规则（从低到高，从近到远）、配表出库指令优先规则、托箱组合存取规则等。

4）数据备份与恢复，通过自动或手动实现数据的本地或网络备份功能。

5）记录设备运行日志及系统操作日志。

（2）出入库管理。

1）入库管理是对业务管理系统下发的配送入库、领出未装退库、拆回设备入库等入库任务进行管理，根据入库优先级和存取规则完成入库操作。

2）出库管理是对业务管理系统下发配送出库、配表出库、预领出库、报废出库等出库任务进行管理，根据出库优先级和存取规则完成出库操作。

3）其他如移库出入库、紧急任务指定设备出库、异常任务处理等的管理。

（3）库存管理。

1）状态管理是根据业务管理系统物料信息，结合出入库作业要求对物料状态（如表计的合格、待分流、待报废等）、货位状态（如空货位、满货位、锁定货位等）的管理。

2）库存预警是根据预警规则实现对库存水平、库存时限等的管理。

3）库存盘点是根据业务管理要求，定期对库存进行账实盘点和盈亏处置的管理。

（4）系统控制。

1）根据系统出入库指令通过控制器驱动仓储设备，自动完成出入库等各项仓储作业任务。

2）通过人机操作界面本地控制仓储设备，实现对设备的就地控制和运行维护。

（5）告警监控。

1）在作业环节发生异常时，对影响人身、设备安全的进行声光报警提示。

2）实时监控仓储设备运行状况，输出系统运行动态仿真画面、各类运行数据及告警信息。

（6）查询统计。

1）根据物料分类、状态、供应商、库存状态、库存时间等查询条件进行库存查询与统计。

2）根据出入库类别、出入库时间、物料分类等查询条件进行出入库查询与统计。

3）根据系统运行时间查询系统详细操作记录、运行及接口日志信息。

4）实现各项查询与统计信息的导出与打印。

（7）接口交互。

1）根据共享性、安全性、可扩充性、兼容性和统一性设计原则，规范接口数据内容、传输方式、传递频度和加密要求等，实现多个异构系统和数据源之间的数据交换。

2）接口方式包括：SAP（Web service）、简单对象访问协议（Simple Object Access Protocol，SOAP）（Web service）+ 中间库相结合、SOCKET 通信、数据库视图、OPC 协议等。

3）通过接口与上层业务管理系统或监控系统交互各种自检信息、出入库任务、任务执行信息、设备的实时工作状态及告警等相关数据。

第二节　智能箱表库

智能箱表库是指由货架、堆垛机和输送设备组成，以周转箱为基本仓储单元，实现周转箱智能化仓储与出入库作业的立体库房，如图 3–10 所示。

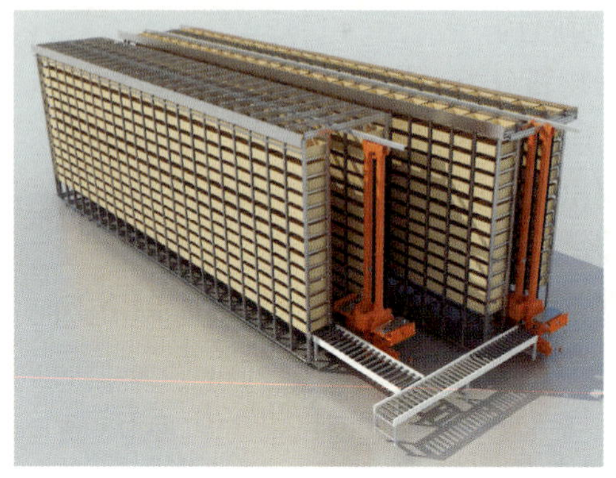

图 3–10 智能箱表库

一、硬件设计

1. 货架

货架采用独立的钢结构，能承受由于货物重量分布不均导致的变形，储位结构设计满足周转箱存放要求。载荷能力一般按承载计量器具最重重量的 2 倍考虑。

2. 箱表库堆垛机

箱表库堆垛机沿轨道在箱表库巷道平面内运动时，能在货架区域对目标周转箱精确定位，安全取放满载周转箱，实现单箱计量设备出入库、库存整理等功能。箱表库堆垛机结构与托盘堆垛机基本相同，由金属结构、载货台、行走机构、升降机构、货叉伸缩机构、电气控制系统及安全装置等机构组成，载货台和货叉设计应符合周转箱形式要求。箱表库堆垛机调速范围满足箱表库的出入库效率，载荷能力一般按承载计量器具最重重量的 2 倍考虑。

3. 输送设备

周转箱辊筒输送线是箱表库输送系统的主要设备，能够安全平稳地在货架和装卸平台间输送满载的周转箱，实现周转箱的输送、分拣与缓存等功能，如图 3-11 所示。输送设备输送速度可调，一般为 15~20m/min，满足输送节拍要求，辊筒输送线与周转箱之间静摩擦系数按输送线最大加速度考虑。

图 3-11　周转箱辊筒输送线

箱表库堆垛机往复运动定位后取放周转箱，通过输送设备连接堆垛机与出入库口，出入库口可灵活开关，独立设置，支持多任务操作且定位精准。箱表库堆垛机工作原理与托盘库堆垛机基本相同，每次取放货运行过程一般为启动、加速、匀速、减速、停止五个阶段，库房的长度和高度应合理设计，尽可能使堆垛机的平均运行速度达到最优，提升出入库作业效率。

二、软件设计

箱表库系统软件架构和功能与托盘库系统基本一致，同样分为管理软件、控制软件，可实现系统管理，出厂库管理、库存管理、系统控制、告警监控、查询统计、接口交互等功能。

第三节　智能箱表柜

智能箱表柜由货架、内置移载机构和输送设备组成，以周转箱为基本仓储单元，实现周转箱的智能化仓储与出入库作业，如

图 3–12 所示。智能箱表库可根据场地条件和库容要求开展个性化设计，但智能箱表柜在形式结构和容量上需按照一定规格采用标准化封装设计，结构紧凑。一般设计容量为 100 或 200 只周转箱，具有小型化、标准化的特点，对库房场地要求低，在安装和运用上非常灵活、便捷。

图 3–12　智能箱表柜

一、硬件设计

（1）柜体货架。智能箱表柜底架为设备的主要支撑，具有良好的刚性和抗扭曲能力。货架结构与箱表库基本相同，材料一般采用 SS400 冷轧钢卷，为组合横梁货架，储位结构满足周转箱存放要求。箱表柜采用密封立柜式结构，柜体外壳采用热镀锌钢板进行包裹，配一个存取口，实现全封闭。

（2）动力系统。动力系统的主要设备是内置的周转箱移载机构，分为行走机构、升降机构和货叉伸缩机构三部分，其工作原理与箱表库堆垛机基本相同，能在箱表柜内的货架区域对周转箱进行精准定位，载荷能力一般按承载计量器具最重重量的 2 倍考虑。

二、软件设计

1. 系统架构

箱表柜系统分为管理软件与控制软件。管理软件主要是对出入库流程、货位及物料的管理，通过接口获取上层业务管理系统的出入库任务，按存取规则将任务分解成出入库指令下达给控制软件，一般采用 B/S 架构模式部署。控制软件主要是将接收的作业指令信息，通过控制器调度库房设备完成各类作业指令，并实时监视设备运行状况、故障告警等动态信息，一般采用 C/S 架构模式部署。

2. 系统功能

箱表柜系统功能与箱表库基本相同，主要包括系统管理、出入库管理、库存管理、系统控制、告警监控、查询统计、接口交互等。

第四节　智能周转柜

智能周转柜是以单个计量设备作为仓储和出入库操作对象的库房，采用一体化封装设计，配置灵活，一般用于计量资产供应链末端的管理，或者作为托盘库、箱表库（柜）的补充配置，用于零星表计的管理。

一、硬件设计

智能周转柜一般由主控柜、单表架、箱表架三部分组成。主控柜为独立结构，主要包括主控模块和触摸屏。单表架是仓储货架主体，可根据容量需要单列使用或者多列拼接扩展，按照容量从小到大分为Ⅰ、Ⅱ、Ⅲ、Ⅳ、Ⅴ等多种类型。箱表架支持按箱存储，一般用于周装箱内的表计放入单表架后余量暂存，可根据需要选配。例如Ⅲ型周转柜有 3 列单表架和 1 列箱表架，每一列单表架包含 45 个单相表储位与 15 个三相表储位，每一列箱表架包含 6 个周转箱储位，如图 3–13 所示。

图 3–13　Ⅲ型周转柜

周转柜结构为密封立柜式结构。周转柜每个储位的载荷能力一般按承载计量器具最重重量的 2 倍考虑。每个表架配置存取口，内设独立的钢结构骨架，保证柜体牢固稳定，外壳采用热镀锌钢板，内部移动置物盘采用热镀锌钢板。周转柜通过储位开关与电子门锁的配合实现“一扫一取”自动售货机式零星领表作业模式。

二、软件设计

1. 系统架构

智能周转柜系统通过接口获取上层业务管理系统的出入库任务，通过控制器调度设备完成各类作业指令，并实时监视设备运行状况、故障告警等动态信息，实现计量器具的配送管理、装表管理、库存盘点、告警管理、出入库查询、库存存放管理、工单管理等功能，一般采用 C/S 架构模式部署。智能周转柜系统架构图如图 3–14 所示。

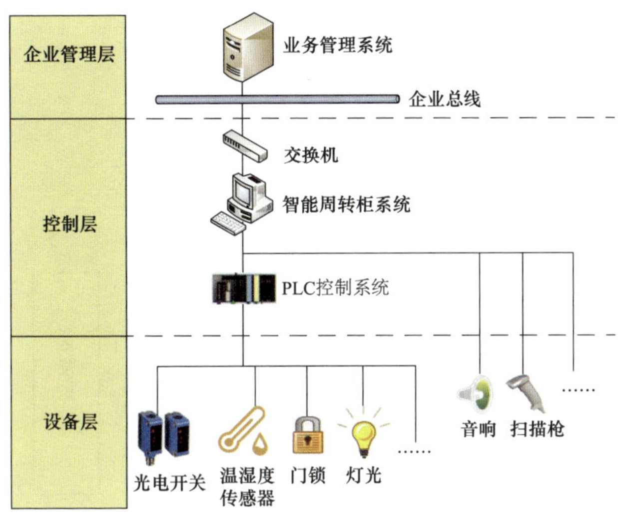

图 3–14　智能周转柜系统架构图

2. 系统功能

智能周转柜系统的功能主要包括出入库管理、库存盘点、查询管理、权限管理、储位管理、表计锁定、异常管理等，如图 3–15 所示。

（1）出入库管理。

1）入库管理是对业务管理系统下发的配送入库、领出未装入库、入箱表柜、拆箱入库等入库任务进行管理，根据入库优先级和存取规则完成入库操作。

2）出库管理是对业务管理系统下发的装表出库、抢修备表以及返回配送出库等出库任务进行管理，根据出库优先级和存取规则完成出库操作。

3）其他如移库出库等的管理。

（2）库存盘点。

1）周转柜库存盘点支持周期盘点和主动盘点两种方式。

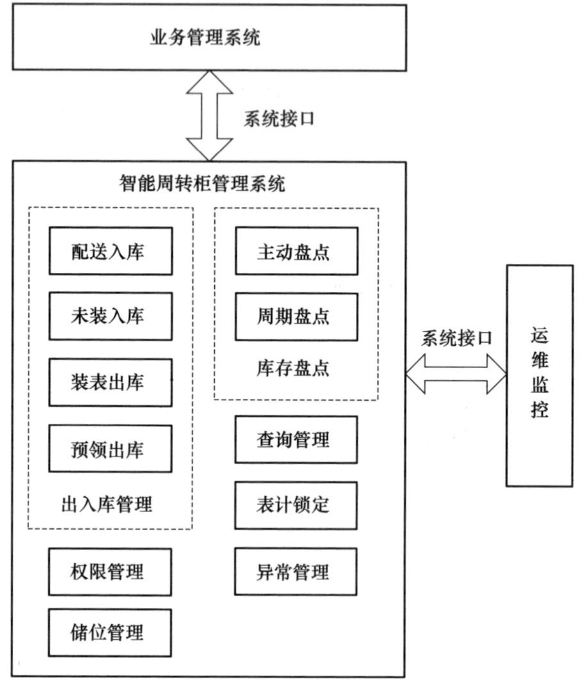

图 3-15　功能框架图

2）周期盘点：对业务管理系统下发盘点任务进行处理，支持操作人员通过扫描工单或输入工单号的方式进行操作。

3）主动盘点：当智能周转柜系统在非业务状态下发现储位实时状态信息与记录的库存历史信息不一致时，系统会在界面中主动通知操作人员进行库存盘点。

（3）查询管理。

1）根据出入库类别、出入库时间等查询条件进行出入库查询与统计。

2）根据表计资产状态、库存状态、库存时间等查询条件进行库存查询与统计。

（4）权限管理。

通过与业务管理系统的接口对周转柜使用人员的角色进行鉴定，完成系统角色、用户与权限的管理。

（5）储位管理。

储位管理是为了避免智能周转柜因开关损坏的情况而开发的功能，管理员可以通过储位禁用的方式屏蔽系统对故障储位的判断。在进行储位禁用的时候，系统需要考虑移表位的操作，即当故障的储位上有电能表时，系统将提示用户将电能表移动至指定的位置。

（6）表计锁定。

若存在表计损坏或者其他原因不能装表出库时，可将该表计锁定，确保不会把该表计装表出库。

（7）异常管理。

对出入库过程监控到的异常或以其他方式获取的异常，经过系统分析，进行异常登记，调用异常处理流程，进行异常告警等，确保异常可及时得到处理。

（8）接口交互。

1）根据共享性、安全性、可扩充性、兼容性和统一性设计原则，规范接口数据内容、传输方式、传递频度和加密要求等，实现多个异构系统和数据源之间的数据交换。

2）通过接口与上层业务管理系统或监控系统交互各种信息、出入库任务、任务执行反馈、设备的告警等相关数据。

第五节　典型应用案例

市县供电企业二级表库作为省级一级表库和供电所三级表库的中间承接环节，承担着物流周转和蓄水暂存的双重功能。从仓储能力的角度出发，二级表库一般需配置仓储容量相对较大且可以根据场地条件定制的托盘库或箱表库；从流转效率的角度出发，托盘库对于非整托小批量的表计出入库处理不够灵活，需要搭配容量较小但出入库灵活性强的箱表柜或周转柜。设备选型优先配置如表 3-1 所示。

表 3–1　二级表库设备选型优先配置

运行电能计量器具数	库房层高	推荐配置
大于等于 50 万只	大于等于 5m	堆垛机托盘库 （搭配箱表柜或周转柜）
大于等于 50 万只	小于 5m	子母穿梭车托盘库 （搭配箱表柜或周转柜）
20 万 ~50 万只	—	箱表库（搭配周转柜）

托盘库存储密度高于箱表库和箱表柜，当市县供电企业运行电能计量器具数量在 50 万只以上时宜配置托盘库，以满足电能计量器具存储量的要求；库房层高在 5m 以上时建议建设堆垛机托盘库，层高在 5m 以下时建议建设子母穿梭车托盘库。运行电能计量器具数量小于 50 万只的市县供电企业，建设箱表库可兼顾存储和出入库的要求。

托盘库与箱表柜、周转柜搭配使用进行批量出库任务时，通过托盘库整托出库、箱表柜整箱出库、周转柜零星出库相组合的方式能在短时间内完成批量表计的出库作业。零星表计的出库可直接通过周转柜出库或者通过箱表柜单箱出库后人工检选的方式实现，库房无作业任务期间可采用拆托补箱的方式将托盘库表计补充到箱表柜中。

三级表库一般配置周转柜即可满足零星用表需求，根据业务量可选择周转柜配置的型号与数量。

以浙江某市供电公司的二级表库设计为例，目前绍兴市区运

行的单相电能表数量约 91 万，三相电能表数量约 9 万，低压电流互感器数量约 7.5 万，Ⅱ型采集器数量约 5.5 万。库房长 L=18m，宽 W=14.5m，层高 H=12m。二级库承载设备如周转箱、托盘等的尺寸设计宜与省计量中心一级库相匹配。

（1）确定库容。该供电公司使用的周转箱尺寸为 585mm（长）×465mm（宽）×195mm（高），可存放 15 只单相电能表 /5 只三相电能表 /6 只低压电流互感器 /25 只Ⅱ型采集器；使用托盘尺寸为 1100mm（长）×1100mm（宽）×150mm（高），每托盘存放 16 个周转箱（每层 4 只，共 4 层），采用交叉码盘形式叠放，如图 3-16 所示。

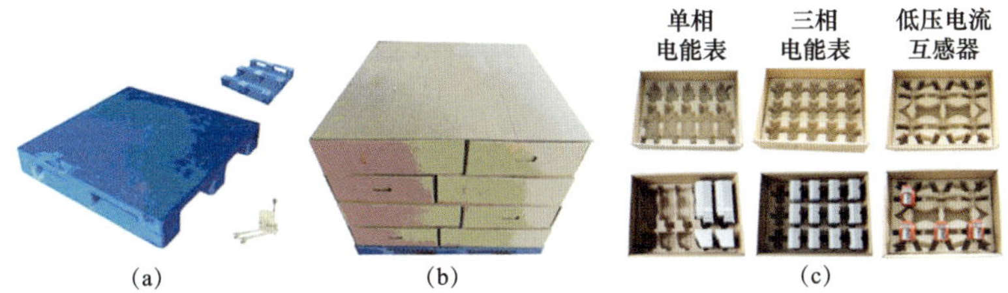

图 3–16　托盘与周转箱

（a）托盘；（b）托盘的纸箱摆放形式；（c）部分电能计算器具周转箱

箱表库每个储位根据周转箱尺寸进行设计，留有合适安全裕度，方便堆垛机存取周转箱，如图 3-17 所示，将箱表库巷道宽度折算到货架后每个周转箱储位体积为（465+2a）×（b+d）×h（单位 mm^3），按表 3–2 数据折算后箱表库每个表箱储位体积约为 $0.21m^3$。库房高度为 12m，按堆垛机托盘库折算后每个托盘储位体积约为 $2.94m^3$，即每个表箱储位体积 $0.18m^3$。

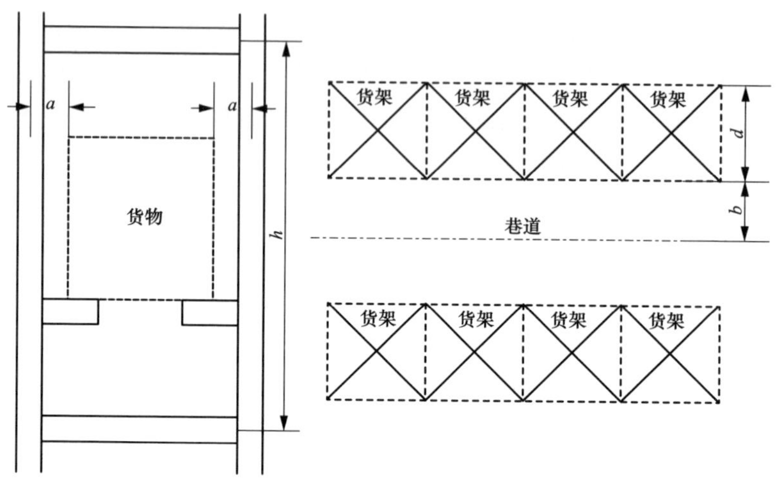

图 3–17 箱表库储位尺寸示意图

表 3–2 库房建设尺寸

单位：mm

尺寸 类型	储位长	储位宽	储位高	顶部裕度 H_1	底部高度 H_2	巷道宽度 W
箱表库	700	593	300	≥ 200	≥ 700	900
堆垛机托盘库	1100	1270	1275	≥ 200	≥ 700	1650

按照式（2-1）~ 式（2-4）可计算出其设计库房总容量应为 1867 ~ 4668（箱）或 117 ~ 290（托）。若全部建设箱表库需要仓储体积 392 ~ 973m^3，考虑货架顶部、底部裕度和行走通道，沿宽边建设箱表库需 3 ~ 6 列货架，沿长边建设需 2 ~ 5 列货架；若全部建设托盘库需要仓储体积 345 ~ 853m^3，沿宽边建设需 2 ~ 4 列货架，沿长边建设需 2~3 列货架。

库房仓储有效体积可按式（3-1）进行计算：

$$v_{有效}=(L\times W-S_{作业区})\times(H-H_1-H_2) \quad (3\text{-}1)$$

式中　$v_{有效}$——库房使用的有效体积，m^3；

L——库房长度，m；

W——库房宽度，m；

$S_{作业区}$——库房用于作业的区域面积按建设要求中区域规划确定，m^2；

H——库房高度，m；

H_1——立体货架底部裕度，m；

H_2——立体货架顶部裕度，m。

根据实际数据计算后，库房仓储有效体积 V 有效≤ 1859m^3。

（2）确定出入库效率。该供电公司在高峰期间两周配送量如表 3-3 所示，按 6h 平均工作时间计算，最高出入库效率需求为 100 箱 /h。按式（2-24）可计算得到箱表库和托盘库单堆垛机出入库能力分别为 $P_{箱}$和 $P_{托}$，根据库房长宽高以及设备实际参数可估算得到 $P_{箱}\approx$ 60 箱 /h 和 $P_{托}\approx$ 40 托（640 箱）/h。估算若建设箱表库，为满足出入库能力要求需配置 2 台箱表库堆垛机；若建设托盘库，只需配置 1 台托盘库堆垛机。

表 3-3　高峰期出入库订单量（两周）

天数	不少于 16 箱的订单数量	少于 16 箱的订单数量	出入库数量（箱）
1	6	8	123
2	2	1	479
3	6	8	134
4	1	5	67
5	11	12	651

续表

天数	不少于 16 箱的订单数量	少于 16 箱的订单数量	出入库数量（箱）
6	0	4	14
7	2	12	121
8	0	4	17
9	0	10	44
10	9	17	267
11	3	9	114
12	1	2	187
13	1	8	51
14	4	4	87

（3）综合分析。从库容测算，建设箱表库或托盘库均可满足要求。从出入库效率要求测算，建设箱表库至少需要 2 台堆垛机，建设托盘库只需要 1 台堆垛机。从经济效益上考虑：①存储相同量的周转箱托盘货架用量少于箱表库货架；②两台箱表库堆垛机采购价格高于一台托盘库堆垛机价格；③采用托盘库可在接收货物后整托入库，无需拆箱，降低了人力成本。从订单考虑，该供电公司不满托小订单数量占比达 68%，库房有单箱出库的需求。

综合考虑以上因素后，该供电公司在库房内沿宽边建设了 4 列托盘货架来满足库容要求，因一台托盘库堆垛机即可满足出入库能力要求，从降低建设成本考虑采用了双伸位堆垛机，同时为提高小订单的出入库效率，配置了一台容量为 200 箱

的箱表柜。如图 3-18 所示，库房托盘库共有 236 个托盘货位，200 个箱表库货位，一共可存放 3976 个周转箱，库容为运行表计数的 4.3%。

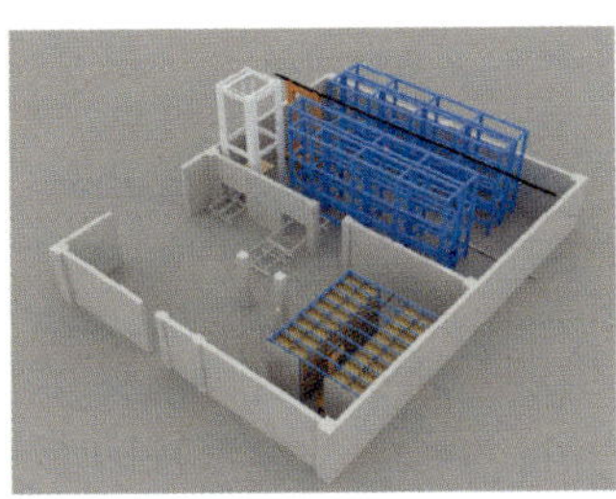

图 3–18　托盘库及库房整体效果图

第四章　作业流程

市县供电公司智能化电能计量仓储系统的作业流程结合实际业务需求开展设计，主要包括资产入库流程、资产出库流程、盘点流程等，一般由电力业务管理系统（一般指营销信息系统）和表库系统共同完成。常见模式由营销信息系统负责任务制定和统筹调度，表库系统负责执行操作和本地控制，两者之间通过系统接口进行信息传递。本章节以浙江省市县供电企业为例，详细介绍智能化电能计量仓储系统的整体业务框架和具体作业流程。

第一节　资产入库流程

一、流程描述

资产入库流程指用于实现表计入库存储的整个流程，主要内容为：①营销信息系统在接收计量生产调度系统的配送任务后，分理至任务池；②从托盘库、箱表库、周转柜本地表库系统获取库房的空仓位数量，结合存储策略生成各个表库的入库任务工单，分别发送至对应的托盘库、箱表库、周转柜仓储系统软件；③托盘库、箱表库、周转柜系统根据接收的待处理任务工单，执行入库操作，并将结果上传至营销信息系统；④营销信息系统验证入库结果，验证无误更新表计库位信息，整个流程如图 4-1 所示。

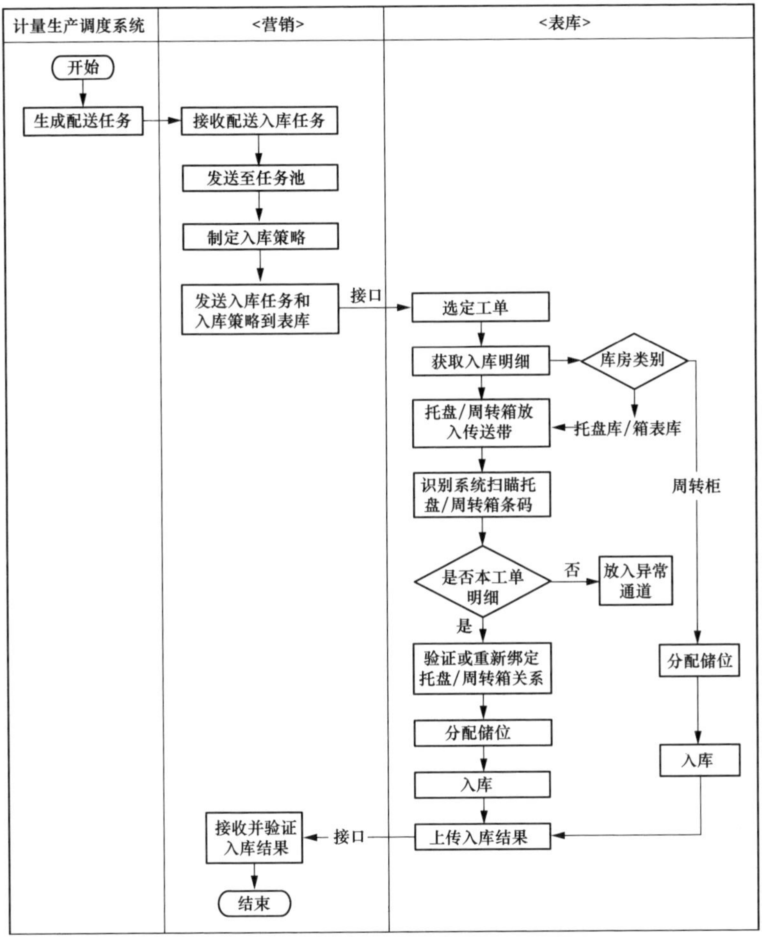

计量生产调度系统 | <营销> | <表库>

开始
生成配送任务
接收配送入库任务
发送至任务池
制定入库策略
发送入库任务和入库策略到表库
接口
选定工单
获取入库明细
库房类别
托盘库/箱表库
托盘/周转箱放入传送带
识别系统扫瞄托盘/周转箱条码
周转柜
是否本工单明细
否
放入异常通道
是
验证或重新绑定托盘/周转箱关系
分配储位
入库
分配储位
入库
上传入库结果
接口
接收并验证入库结果
结束

图 4–1　配送入库流程图

二、主要环节

（1）任务分理。营销信息系统根据配送流程的资产类型、品规、数量，结合表库系统管理软件剩余的空仓位数量，进行入库策略计算并生成入库任务。

（2）人工调整。根据现场实际情况，可对入库的目标库房类型、数量进行人工调整，确保总数量要和任务数量一致。

（3）任务发送。任务数量确认完毕后，发送至表库系统。若入库任务分解至多个组合库房，则需分别发送。

（4）现场入库。表库系统接收任务后，根据任务提示开展现场入库。对于不同的库房类型，本地入库方式有所差异。其中智能托盘库和智能箱表柜在接收任务工单后，需人工或借助机械工具将托盘、周转箱放到入库口的输送线上，系统将自动把托盘或周转箱输送至目标储位内。

智能周转柜面向装接人员，匹配业务场景的需要，入库方式存在多样性，比较典型的有工单入库、拆箱补柜、未装返库等。工单入库是指营销信息系统成功发送任务到周转柜后，在周转柜上进行的入库操作；拆箱补柜是指单表柜中的表计数量较少，从箱表柜中取出表计补充到单表柜的入库操作；未装返库是对已经领出表计但由于种种原因未完成安装，需放回周转柜的入库操作。

（5）流程结束。现场入库完成后，表库系统将入库信息上传给营销信息系统。

三、对应业务

资产入库流程对应的电力业务主要包括二级表库配送入库和三级表库配送入库。

1. 二级表库配送入库

二级表库配送入库流程适用于地市（县）公司二级表库接收省计量中心的配送入库任务，由省计量中心一级库房、地市（县）公司二级库房共同完成，主要包括需求报送、资产配送、到货验收、资产入库等步骤。

（1）需求报送。三级表库按月将本单位次月用表需求以配送申请流程向二级表库报送，二级表库汇总用表需求，结合里程碑配送计划进行各品规资产数量平衡，通过营销信息系统配送申请流程向省计量中心报送次月需求。

（2）资产配送。省计量中心对于大品规资产以托盘为单位向二级表库进行配送。配送组托时，扫描记录托盘条码与周转箱的绑定关系，将信息传送营销信息系统，生成配送单。

（3）到货验收。省计量中心配送到货后，二级表库管理员对资产品规、数量验收确认。

（4）资产入库。二级表库管理员将待入库流程信息发送给表库系统，表库系统接收后，开启入库模式，扫描周转箱条码或单表条码入库的同时验证配送流程信息，将仓储信息保存在本地系统并自动反馈到营销信息系统，完成营销信息系统入库流程。

2. 三级表库配送入库

三级表库配送入库流程适用于地市（县）公司二级库房到三级库房的日常配送，由地市（县）公司二级库房、供电所三级库房共同完成。主要包括库存监控、制定配送计划、资产出库、资产配送、到货验收、资产入库等步骤。

（1）库存监控。二级表库管理员监控三级表库各品规资产库存量，对于库存不足的库房进行资产配送。

（2）制定配送计划。二级表库管理员根据三级表库库存情况制定配送计划，发起配送流程。

（3）资产出库。系统根据配送流程和库存情况生成出库方案，库房管理员通过表库系统完成计量资产出库。

（4）资产配送。二级表库以周转箱方式向三级表库进行资产配送。

（5）到货验收。二级表库配送到货，三级库房管理员验收确认。

（6）资产入库。三级库房管理员在到货验收后完成资产入库。

第二节 资产出库流程

一、流程描述

资产出库流程指用于实现表计出库装用的整个流程，主要内容为：①营销信息系统根据业务需求制定出库任务，分理至任务池；②从托盘库、箱表库、周转柜的库存信息分解任务单，分别发送至对应的托盘库、箱表库、周转柜表库系统；③托盘库、箱表库、周转柜表库系统根据接收的待处理任务工单，执行出库操作，并将出库结果上传至营销信息系统；④营销信息系统验证后结束工单，整个流程如图 4-2 所示。

二、主要环节

（1）任务分理。营销信息系统根据配送出库任务调取目前库房中表计库存数量，确定每个库房的出库品规和数量，并根据既定策略进行任务分解。

（2）任务发送。任务数量经人工确认完毕后发送到表库系统，确认表库系统已接收后进行现场出库。

（3）现场出库。表库系统接收任务后，根据任务提示开展现场出库。不同的库房类型，本地出库方式有所差异。其中智能托盘库或箱表柜按照先检先出的原则确定待出库表计，并自动出库至出库口，等待人工搬取。出库完成，营销信息系统显示明细信息；若是批量配表，则按地址排序自动匹配计量点；若需拣选，

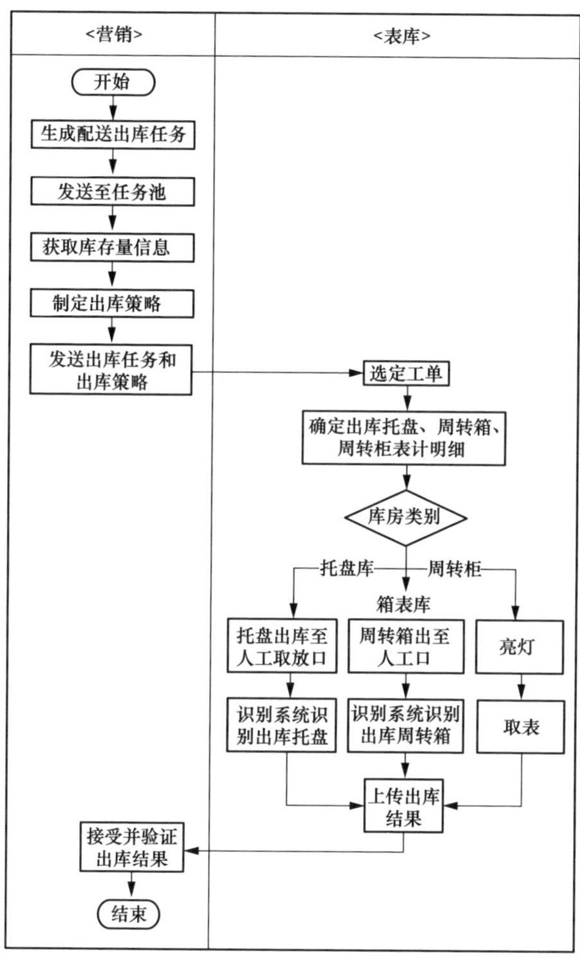

图 4-2　配送出库流程图

按系统页面提示扫描要出库的周转箱或表计条码并取走设备，出库完成后不满的托盘或周转箱自动回库。智能周转柜出库一般由表库管理人员或装接班人员手持带有流程编号的装接单据，在柜体中扫描待出库表计的条码，成功锁定后系统有声光提示并自动开门，此时可手工取表。

（4）流程结束。现场出库完成后，表库系统将出库信息上传给营销信息系统。

三、对应业务

资产出库流程对应的业务主要包括批量配表出库和零星领表出库、预领出库等。

1. 批量配表出库

批量配表出库指当同一流程下待配同一品规表计数量大于批量配表设定阈值时，由二级库房进行批量配表出库，可有效缓解供电所周转柜存储容量较小带来的困难，主要环节如下：

（1）发起流程。供电所在营销信息系统中发起批量配表流程，申请配表。营销信息系统自检本月累计配送量和报送的月度需求计划数量。

（2）资产班审核。资产班根据二级库房的库存量统筹把握资产流转，在库存受限的情况下协调各三级库房的批量用表计划。

（3）领配出库。营销信息系统根据批量配表需求信息和库存情况按照最大单元出库原则自动生成出库方案，确认后分别发送给各表库系统，表库系统按照先检先出的原则确定表计并出库。二级库房管理员扫描出库后，表库系统将出库明细信息上传营销信息系统，以地址排序自动匹配计量点完成配表。

（4）领用。由供电所装接人员完成表计领用。

（5）标签打印。领用人员通过装接扫描设备读取新表条形码，获取营销信息系统中对应用户信息（户号、安装地址、对应旧表资产编号），打印信息标签，粘贴于表计顶面，便于装接人员和用户核对。

（6）领回待装。表计领回后存放于三级表库待装暂存区，限期安装完毕。

2. 零星配表出库

零星配表出库指单一配表流程中待配同品规表计不满足批量配表阈值，一般由智能周转柜出库直接出库，主要环节如下：

（1）配表。供电所在营销信息系统中发起流程，自动配表。

（2）打印装接单。配表完成后打印装接单。

（3）领表。装接人员凭计量装接单向三级库房管理员申请领表。库房管理员通过扫描装接单二维码，自动读取营销信息系统流程号，进而获取流程配表环节信息，自动定位待出库表计，人工或自动完成出库。

（4）打印标签。通过装接扫描设备读取新表条形码，获取营销信息系统中对应用户信息，打印信息标签，粘贴于表计顶面。

（5）装接。现场装表，依靠表计标签定位，结合装接单信息加以验证。

3. 预领出库

为满足市县供电企业对于突发电力故障情况下的抢修用表计需求，可在常规流程之外申请预领表计备用，即由表库管理人员发起预领出库流程，将电能表、终端等资产预领出库，其主要环节如下：

（1）预领申请。表计预领申请需在资产管理的预领出库菜单里，输入设备类别、出库数量、接线方式、申请人员等信息后提交申请。

（2）出库操作。经审批后流到任务出库环节。经过任务分理，发送任务到表库后，在表库中取出预领出库的资产。

（3）定向配表。预领出库流程出库的资产，状态变为预领待装，该状态的资产可在指定流程的配表环节直接通过条形码定向配表。

第三节　盘点流程

一、流程描述

盘点流程指定期或不定期开展的营销信息系统、表库系统和表库实物资产的比对作业，确保账实一致。表库管理员定期对库房进行盘点，在营销信息系统中发起任务，发送给表库系统。表

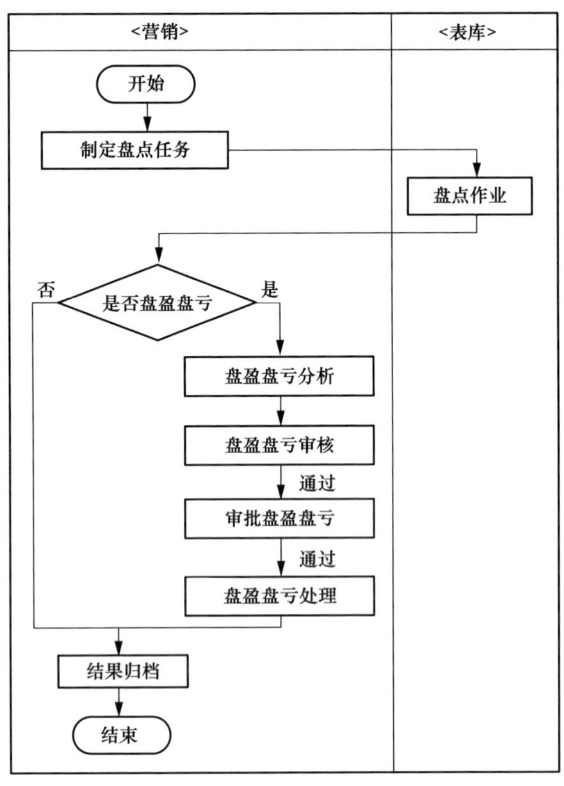

图 4–3　盘点流程

库系统根据明细与实际库存资产进行比对，并将比对结果上传营销信息系统，生成盘点报告。对于盘盈盘亏结果，由表库管理员核实后形成处置意见，发起审核审批处理，其流程图如图 4-3 所示。

二、主要环节

（1）任务生成。在营销信息系统中选择需要盘点的库房、库区、盘点人、设备类别、资产状态等必填项后，生成盘点任务及盘点明细。确认无误后，将盘点任务及明细发送给表库系统。

（2）自动盘点。表库系统根据盘点任务和明细自行盘点，并将盘点结果上传至营销信息系统。

（3）结果处理。盘点结束后，根据盘点明细清单进行盘盈盘亏的原因分析，形成处置意见，提交审核审批。

第五章　运行与维护

使用单位结合智能化电能计量仓储系统的实际运行情况编制操作手册和运行作业指导书，根据实际需求配置相应数量的运维人员：表库管理人员和技术服务人员。其中表库管理人员应经过培训上岗，熟练掌握智能表库日常使用与运维的技术要求。技术服务人员在设备质保期内为供应商的技术服务人员，在质保期外为承接运维项目、提供专业运维服务的技术人员。技术服务人员开展智能表库的周期维护保养（简称维保）和应急维护，并应严格遵守电力系统安全规程。表库使用单位应同步做好运维人员与设备的安全管理。

智能化电能计量仓储系统按需配备到市、县公司以及供电所，由于设备地域布局上较分散，且每个单位配备数量有限，一般采用就地管理、集中运维、监督评价的运行管理模式。

就地管理指由使用单位开展系统运行监控、任务操作、简单故障处理、日常巡视等，做好系统运行日志记录；集中运维指根据设备配置情况、设备地域部署情况、设备运行稳定度等维度，按区域设置集中运维监控中心，配备足量的运维人员，开展远程集中监控与故障消缺，按要求开展设备周期维保；监督评价指由使用单位定期对仓储系统的设备运行质量与运维质量两方面进行评价。

第一节　日常运行管理

表库管理人员结合生产管理开展智能表库的日常运维工作，落实系统运行情况监控，按时开展巡视工作，将设备工况、温湿度、异常处理、故障修理等信息及时记录在运行日志上，如图 5-1 所示。表库管理人员根据操作规范对智能表库日常运行和现场巡视中发现的故障进行分析处理。对于无法处理的故障，及时向技术服务人员报修。对于可直接处理的故障，表库管理人员应要求技术服务人员在接到报修需求的 24h 内完成维修，填写故障处理确认单；对于涉及零部件采购、加工等无法直接处理的故障，由双方协商处理期限。地市县供电公司每年应组织对本单位智能表库运行情况和故障处理信息进行统计分析，对重复发生的共性故障着重分析。对于系统设计缺陷、元器件质量缺陷等，组织落实系统和设备的消缺优化工作。

日常运行日志

表库名称　　　　　　　　　　　　日期

温度：	湿度：	
巡检内容	状 态	备 注
1.表库、表库设备规整、干净无尘	是□ 否□	
2.防火、防潮、防震等设备正常	是□ 否□	
3.所有应关闭的门和防护栅栏关好	是□ 否□	
4.屏幕显示、触摸正常	是□ 否□	
5.系统运行、温湿度显示、语音提示正常	是□ 否□	
6.移动扫描枪正常、固定扫描枪角度合适、功能正常	是□ 否□	
7.系统时间设置正常，无弱口令、系统漏洞等	是□ 否□	
记录人员签字		

图 5–1　日常运行日志

第二节 周期维保

表库使用单位应编制表库周期维保计划并审核运维单位提交的维保方案，主要内容包括：维保内容与要求、人员安排、时间安排、安全措施及验收标准等。一般以季度为周期开展设备维护保养工作，保证设备处于健康状态。维保工作开展期间，表库管理人员配合做好安全措施并全程监护运维工作的开展。维保完毕后，编制周期维保报告，对维保情况进行总结，对系统健康情况进行评估。

周期维保一般包括以下内容：

（1）外观检查。

（2）清洁润滑。

（3）电气线路检查。

（4）磨损及间隙检查。

（5）安全闭锁装置测试。

（6）紧固件检查。

（7）计算机及数据库性能检查及备份。

（8）耗材及易损件更换。

针对不同的设备类型，周期维护保养具体内容见本书附录B。

在周期维保过程中，应重点关注以下三个方面：

（1）维保期间的用表需求应提前出库。

（2）维保前应对运维人员开展安全教育，告知危险点及预控措施，并检查劳动保护用品及安全措施是否完备。

（3）在维保过程中，若发现严重的安全隐患和系统缺陷，应及时通知系统使用单位，制定系统整改方案，限期整改。

第三节　应急处置

表库使用单位应根据系统运行特点制定应急处置方案，落实人员职责、应急表计处置方式、维修程序等内容，确保当发生因设备故障引起系统整体停运或部分停运且短时间内无法修复的事件时，开展应急处置。

当发生应急事件，表库管理人员可申请人工出入库操作，经审批同意后执行。

当发生灾难性故障导致表库无法人工取表的情况，开展如下应急处置：

（1）供电所三级表库故障，优先向同单位内的二、三级表库申请应急调配。

（2）市县供电公司二级表库故障，优先向省计量中心申请临时配送，若仍无法满足用表需求时，则可向市公司其他二级表库或兄弟单位开展应急调配。

第四节　运维闭环管理

全省表库分布点多面广、设备数量多、运行质量参差不齐，运维标准难以统一。表库管理人员可通过构建远程集中运维系统，配备远程监控、问题登记、工单管理、评级评价等功能模块，实现运维的闭环管理。

1. 远程监控

通过系统自动监控表库故障，形成运维工单。依据故障类型，判断能否进行远程处理，如果可以，通过短信和邮件等形式通知运维工作人员，及时人工远程干预解决；如果无法远程处理，综合故障类型、紧急程度、库房位置分布等，生成现场任务工单，由系统推送现场运维人员现场处理。

2. 问题登记

通过表库管理人员主动反馈设备故障或优化建议，在运维系统中登记信息形成运维工单。

3. 工单管理

对于远程监控或问题登记形成的工单，进行全流程的统一管理，记录故障问题发生、派工、处理等环节的信息，形成高效的处理闭环。工单处理流程如下：

（1）系统发送工单至运维人员。

（2）运维人员接收后，与表库管理员确认问题，并提出解决方案。

（3）问题修复完成后，由运维人员反馈给表库管理员，并跟踪问题是否解决。

（4）问题跟踪确认解决后，通过系统进行问题确认并完成数据归档，至此完成运维工单的整个闭环处理。

4. 评级评价

建立表库设备的评级评价标准，依据评级评价标准开展设备故障信息的统计分析，评价设备运维的可靠性与稳定性；建立运维质量的评级评价标准，依据评级评价标准开展工单处理数据的统计分析，评价运维质量的及时性与有效性。

第六章　总结与展望

本书立足市县供电企业计量管理的功能定位，集中阐述了智能化电能计量仓储系统的建设与运营。从物流仓储的兴起与发展切入，提出了建设的总体目标、原则和方案设计要求。硬件层面，针对托盘库、箱表库、箱表柜、周转柜等典型仓储系统形式详细介绍了各自特点和适用范围，并给出了生动的应用案例；软件层面，从功能设计、流程设计到操作指导串起了完整的设计开发过程。在软硬件设计基础上，从项目视角分析了采购、建设、验收的过程要点和运行维护方案。全书紧紧围绕智能化电能计量仓储系统的建设和运营两条主线，层层递进，深入剖析，给出了全面详实的作业样板，可有效满足目前市县供电企业对计量管理的需求，也为电能计量仓储技术发展和电力计量管理进步提供了有益借鉴。

2020 年，国家电网有限公司提出建设中国特色国际领先的能源互联网企业的发展目标，其中的重要环节正是充分应用移动互联、人工智能等先进技术，建设具有状态全面感知、信息高效处理、应用便捷灵活特征的智慧服务大平台，实现电力系统各个环节万物互联、人机交互。伴随电力能源互联网建设的快速推进，国家电网有限公司将探索构建面向用户侧电力物联网的新型智能计量体系，统一终端标准，推动跨专业数据同源采集，实现配电侧、用电侧采集监控深度覆盖，提升终端智能化和边缘计算水平。

智能仓储系统是智能计量体系不可或缺的重要组成部分，为客户侧电力物联网的终端设备提供可靠存储和信息管理。同时，客户侧物联感知技术的进步也促进了智能仓储系统的进一步发展，为其软硬件架构、运行模式、功能实现等深度优化提供了技术支撑。结合电力物联网感知技术发展趋势和智能计量体系对设备资产管理的要求，未来的电能计量资产智能仓储系统将从以下几个方面进一步实现突破：

1. 出入库操作更加便捷高效

目前，电能表等计量资产以及承载用的周转箱、托盘等工具大都以条形码（二维码）作为识别对象，在出入库的过程中通过仓储系统的红外扫描设备读取条码（二维码）完成信息的记录。操作效率相对较低，且受到扫描设备安装位置、光线环境等影响，存在扫描失效或错位的风险；此外，电能表、周转箱、托盘的条码间存在层层递进的映射关系，依靠人工组托组箱完成绑定，存在错绑、漏绑的风险，在出入库过程中可能由于绑定错位导致信息记录错误。

RFID 技术赋予了终端设备强大的感知能力，在电能表、采集终端等设备中的逐步推广应用，智能仓储系统将逐步用 RFID 射频装置全面替代红外扫描装置，在出入库过程中通过射频门直接读取表计的 RFID 身份信息，彻底颠覆人工逐层绑定、红外定位扫描的繁杂操作模式，使得出入库环节的信息处理更加便捷高效。

2. 大数据应用更加智能科学

电能计量装置是电力营销量价费专业管理的基础设备，表计自采购、检定、安装、运行，乃至拆回、报废等全过程都与仓储系统有直接或间接的关系，而表计全过程的状态变化又串起了业扩报装、用电运行、销户拆表的整个流程。因此，仓储系统作为表计的存储设备，同时积累了办电用电全流程的信息数据。

未来，随着客户侧电力物联网的建设推进，计量生产调度系统、营销信息系统、用电信息采集系统等多平台业务数据贯通，通过智能仓储系统进行实物与数据的聚集交汇，建立起一个以表计实物流转为基础、以业务流转信息为支撑的大数据中心，发挥计量资产在电力营销领域的“牛鼻子”作用，支撑相关业务的发展。

3. 软硬件功能更加灵活全面

未来，新一代智能电能表、能源路由器、非接入式负荷管理装置、随器计量智能插座等新型的终端设备将越来越多地应用于电力系统客户侧。这些新型设备的形式结构、规格参数等与传统的表计相差甚远，现有的智能仓储系统的软硬件功能显然无法满足其末端管理的需求。

随着智能仓储系统的软硬件功能更加完善，仓储功能也将进一步完善，能够适应各类新型设备的柔性化仓储、智能化管理，支撑电力物联网建设过程中能源路由器、负荷管理装置等新型终端设备的相关业务开展。

4. 运维更加智能化

智能化电能计量仓储系统点多面广、发展迅速，无人工干预的自动化作业模式对系统的运行可靠性提出了较高的要求。建立智能化运维体系，实现表库异构系统标准化运行状态感知和智能故障预判成为一种新兴的运维模式，可推动运维服务从以故障检修为主的被动运维向状态评价为主的智能运维模式转变。随着硬件感知水平提升，通过采集分析运行设备特征参数的变化趋势，实现设备健康状况的评价，对故障或隐患进行预判预警，实现设备的状态维修；通过历史故障的大数据应用，建立故障判断模型，实现系统自主故障诊断分析，提供解决方案。

未来的智能仓储系统将进一步融合现代机械与工业技术，在器具承载模式方面打破现有周转箱、托盘固定形体结构的限制，可根据仓储对象的形式自适应，达到可靠仓储的目的。在信息管理方面，将进一步突出开放共享理念，以通用数据接口设计为基础，满足各类功能系统的广泛接入与信息交互。

附录 A　备品备件要求

备品备件库根据监控片区系统运行特点、易损件分布情况、系统运行状态合理配置备品备件。运维人员定期对备品备件的数量和类别进行盘点，确保日常生产运行的使用，并编制表库系统易损件、消耗件等的备品备件名录，内容包括备品备件名称、生产厂商、型号规格、数量等。备品备件的出入库管理领用由运维人员进行，应做好出入库情况记录。设置备品备件数量阈值，当数量低于阈值时应及时安排采购。

推荐系统备品备件和易损件包含但不限于附表 A.1 所示内容。

附表 A.1　备品备件和易损件

序号	物料名称	单位	数量
1	输送电机	台	1
2	滑触线	m	1
3	传感器	对	4
4	驱动轮	只	1
5	集电臂	只	1
6	钢丝绳	根	1
7	皮带	根	1
8	润滑油	桶	4

续表

序号	物料名称	单位	数量
9	化学膨胀	只	20
10	酒精拭纸	包	100
11	条码枪	个	1

附录 B　周期维保内容

智能箱表库、智能周转柜、堆垛机托盘库、子母穿梭车托盘库、智能箱表柜周期维保内容如附表 B.1~ 附表 B.5 所示。

附表 B.1　智能箱表库

维护区块	维护点	维护方法	维护标准	维护周期	
				季度	年度
智能箱表库	整体	检查外观是否损坏，清理表面、缝隙的灰尘、杂物等	库房、设备干净整洁	√	
堆垛机	零部件和附件	检查钢丝绳磨损度，是否有毛边，松紧度是否合适	磨损件进行更换，连接件进行紧固		
	报警灯	检查功能	保证正常工作	√	
	水平度	水平仪检测检查机身是否水平	保证设备安全运行		√
电气部分	继电器	检查继电器动作	功能正常	√	
	行程开关	检查联锁功能，正常互锁	功能正常	√	
	传感器	清理感应器表面，确定感应器敏感度，锁紧感应器支架，检查功能	功能正常	√	

续表

维护区块	维护点	维护方法	维护标准	维护周期	
				季度	年度
通信部分	光通信	检查接头是否可靠、镜面是否清洁	工作正常	√	
	网络接口	检查交换机工作灯是否正常	工作正常	√	
机械传动部分	水平导轮轴承	检查是否需要添加黄油润滑	功能正常	√	
	滑轮组	检查是否需要添加黄油润滑	功能正常	√	
		检查交换机工作灯是否正常	工作正常	√	
		检查是否需要添加黄油润滑	功能正常	√	
		检查是否需要添加黄油润滑	功能正常	√	
	货叉链条	检查是否需要添加黄油润滑	功能正常	√	
	货叉支撑轴	检查是否需要添加黄油润滑	功能正常	√	
	货叉传动轴承	检查是否需要添加黄油润滑	功能正常	√	
	导向轮轴承	检查是否需要添加黄油润滑	功能正常	√	
	起升减速机	检查是否需要添加齿轮油	功能正常		√

续表

维护区块	维护点	维护方法	维护标准	维护周期	
				季度	年度
机械传动部分	运行减速机	检查是否需要添加齿轮油	功能正常		√
	主动车轮轴承	检查是否需要添加黄油润滑	功能正常	√	
	货叉减速机	检查是否需要添加齿轮油	功能正常	√	
	被动车轮轴承	检查是否需要添加黄油润滑	功能正常	√	
	下水平轮轴承	检查是否需要添加黄油润滑	功能正常		
	其他转动、滑动部	检查是否需要添加黄油润滑	功能正常	√	
	输送机传动部分润滑	检查是否需要添加黄油润滑	功能正常	√	
操作台	计算机及周边设备	是否有硬件损坏	保证功能正常	√	
软件	软件版本	检查软件版本是否需要升级	保证最新版本	√	
	数据库	本地与营销数据是否一致	保证两者一致	√	
	功能测试	操作业务流程进行测试	保证业务流程正常	√	

附表 B.2 智能周转柜

维护区块	维护点	维护方法	维护标准	维护周期	
				季度	年度
智能周转柜柜体	整体	检查外观是否损坏，清理表面、缝隙的灰尘、杂物等	库房、设备干净整洁	√	
智能周转柜柜体	周转柜各元器件，柜体连接件	检查并紧固各元器件，柜体连接件	齐整、可靠	√	
	周转柜四角支撑滚轮	检查并紧固	机身摆放平稳、牢固	√	
	周转柜柜门	检查并紧固各柜门开关、插销、门锁	保证正常工作	√	
	层板	检查并紧固螺栓，检查层板条码、流程图标有无破损	保证正常工作	√	
电气部分	储位灯、开关	检查储位灯、开关是否正常，储位灯、开关对应关系是否一致	保证正常工作	√	
	触摸屏	检查屏幕显示、触摸是否正常	保证正常工作	√	
	工控机及周边设备	开机测试计算机及扫描枪等功能是否正常	保证正常工作	√	

续表

维护区块	维护点	维护方法	维护标准	维护周期	
				季度	年度
通信部分	网络接口	检查测试通信功能是否正常	保证正常工作	√	
软件部分	软件版本	检查软件版本是否需要升级	保证最新版本	√	
	数据库	本地数据库与营销数据是否一致	保证两者一致	√	
	操作业务系统	系统运行并检查温湿度显示、语音提示、业务流程是否正常	保证正常工作	√	
	系统安全	检查时间设备是否正常，弱口令、漏洞、登录密码是否符合要求	保证设备安全	√	

附表 B.3　堆垛机托盘库

维护区块	维护点	维护方法	维护标准	维护周期	
				季度	年度
堆垛机托盘库	整体	检查外观是否损坏，清理表面、缝隙的灰尘、杂物等	库房、设备干净整洁	√	
堆垛机	钢丝绳	检查是否排列整齐，有无断丝	保证安全运行	√	

续表

维护区块	维护点	维护方法	维护标准	维护周期	
				季度	年度
堆垛机	升降台	检查升降台是否有明显倾斜	保证设备安全运行	√	
	导向轮	检查间隙是否符合要求，螺丝是否紧固	保证正常工作	√	
	行走轮	检查行走是否平稳，有无异响	保证设备安全运行	√	
输送机	链条	检查外观有无损坏，是否润滑	保证正常工作	√	
	顶升机构	检查运行情况	平稳、无异响	√	
	电机	电机运行是否有异响、异味	保证正常工作	√	
货架	货架外观	检查有无掉漆和破损	保证外观整洁无损	√	
	连接杆件	检查货架连接杆件连接可靠、紧固，无明显变形	保证设备安全运行	√	
	紧固螺丝	检查螺丝弹垫是否压紧	保证设备安全运行	√	
	安全锁	检查外观及功能是否正常	保证设备安全运行	√	
	报警灯	检查功能	保证正常工作	√	

续表

维护区块	维护点	维护方法	维护标准	维护周期	
				季度	年度
机械传动部分	堆垛机上水平导轮轴承	检查并添加3号（冬季2号）钙基脂	保证正常工作	√	
	堆垛机滑轮组	检查并添加3号（冬季2号）钙基脂	保证正常工作	√	
	堆垛机行走轮	检查并添加3号（冬季2号）钙基脂	保证正常工作	√	
	货叉链条	链条预紧，检查并添加3号（冬季2号）钙基脂	保证正常工作	√	
	货叉支撑辊轴及辊道	检查并添加3号（冬季2号）钙基脂	保证正常工作	√	
	货叉传动链、轮及轴承	检查并添加3号（冬季2号）钙基脂	保证正常工作	√	
	输送机链条	检查并添加3号（冬季2号）钙基脂，进行链条预紧度调节	保证正常工作	√	
	输送机顶升机构	检查并添加3号（冬季2号）钙基脂	保证正常工作	√	

续表

维护区块	维护点	维护方法	维护标准	维护周期	
				季度	年度
机械传动部分	输送机电机	安装螺丝紧固	保证正常工作	√	
	货架起升减速	检测油位，添加40号（冬季20号）机械	保证正常工作	√	
	货架运行减速	检测油位，添加40号（冬季20号）机械	保证正常工作	√	
	货架主动车轮轴承	螺丝预紧，检查并添加3号（冬季2号）钙基脂	保证正常工作	√	
电气部分	按钮	检查开关操作弹性是否正常	保证正常工作	√	
	开关	检查分合闸是否异常	保证正常工作	√	
	感应器	检查感应器表面信号灯显示是否正常，有无破损，锁紧感应器支架是否安装牢固	保证正常工作	√	
通信部分	光通信	检查接头是否可靠、镜面是否清洁	保证正常工作	√	
	网络接口	检查交换机工作灯是否正常	保证正常工作	√	
操作台	计算机及周边设备	是否有硬件损坏	保证功能正常		√

续表

维护区块	维护点	维护方法	维护标准	维护周期	
				季度	年度
软件	软件版本	检查软件版本是否需要升级	保证最新版本	√	
	数据库	本地数据库与营销数据是否一致	保证两者一致	√	
	功能测试	操作业务流程进行测试	保证业务流程正常	√	

附表 B.4 子母穿梭车托盘库

维护区块	维护点	维护方法	维护标准	维护周期	
				季度	年度
子母穿梭车托盘库	整体	检查外观是否损坏，清理表面、缝隙的灰尘、杂物等	库房、设备干净整洁	√	
堆垛机	零部件和附件	子母车行走轮磨损情况检查，子母车传动轮轴检查是否存在偏移、异响	保证设备安全运行	√	
	子车电池	功能检查	保证正常工作	√	
	水平度	检查机身是否水平	保证设备安全运行	√	
	条码认证、光测距检查	功能检查	保证正常工作		√

续表

维护区块	维护点	维护方法	维护标准	维护周期	
				季度	年度
出入库顶升接货	挡停	挡停汽缸磁开关是否有松动或位移	保证正常工作	√	
	挡停板	检查螺丝是否松动	保证设备安全运行	√	
	型材支架	检查螺丝是否松动	保证设备安全运行	√	
光电感应开关	清洁度	检查镜面是否干净、功能是否正常	保证正常工作	√	
	零部件和附件	检查链条是否松动、磨损，传动电机是否异常	保证正常工作	√	
托盘输送机	零部件和附件	检查链条是否松动、磨损，传动电机是否异常	保证设备安全运行	√	
条码枪	外观	清洁，检查是否有损坏	机身整洁无破损	√	
	安装支架	检查是否松动或移位	保证正常工作	√	
	位置	检查条码枪扫描位置是否偏移	保证正常工作	√	
电机	传动情况	检查是否有异响、异常发热	保证设备安全运行		√
工控机	功能	服务器数据备份情况	保证设备安全运行	√	

续表

维护区块	维护点	维护方法	维护标准	维护周期	
				季度	年度
网络设备	功能	网络端口灯是否正常，网线插头是否连接良好	保证正常工作	√	
显控终端	功能	接触屏灵敏度检查，接触屏定位精度检查，显示色彩偏色检查	保证正常工作	√	
软件	软件版本	检查软件版本是否需要升级	保证最新版本	√	
	数据库	本地数据库与营销数据是否一致	保证两者一致	√	
	功能测试	操作业务流程进行测试	保证业务流程正常	√	

附表 B.5　智能箱表柜

维护区块	维护点	维护方法	维护标准	维护周期	
				季度	年度
智能箱表柜柜体	整体	检查外观是否损坏，清理表面、缝隙的灰尘、杂物等	库房、设备干净整洁	√	
	箱表柜各元件，柜体连接件	检查并紧固各元器件，柜体连接件	齐整、可靠	√	
	箱表柜四角支撑滚轮	检查并紧固	机身摆放平稳、牢固	√	

续表

维护区块	维护点	维护方法	维护标准	维护周期	
				季度	年度
智能箱表柜柜体	箱表柜柜门	检查并紧固各柜门开关、插销、门锁	保证正常工作	√	
电气部分	传感器	清理感应器表面，确定感应器敏感度，锁紧感应器支架，检查功能	功能正常工作	√	
	限位开关	检查限位开关是否松动	保证正常工作	√	
	编码器	检查编码器接头及编码器本体是否松动	保证正常工作	√	
机械传动部分	货叉链条	检查是否需要添加机油润滑	保证正常工作		
	货叉行走轮组	检查是否需要添加钙基润滑脂	保证正常工作	√	
	货叉链条张紧器	功能检查，磨损检查，位置调节	保证正常工作	√	
	货叉力限制器	功能检查，磨损检查，位置调节	保证正常工作	√	
	货叉行走面	密接检查，外观检查	保证正常工作	√	
	提升导轨	密接检查，外观检查	保证正常工作	√	
	底盘组链条、链轮	检查是否需要添加钙基润滑脂	保证正常工作	√	

续表

维护区块	维护点	维护方法	维护标准	维护周期	
				季度	年度
机械传动部分	载货台起升导轮	密接检查，间隙检查，检查是否需要添加钙基润滑脂	保证正常工作	√	
	载货台链条拉杆	功能检查，密接检查，外观检查	保证正常工作	√	
通信部分	网络接口	检查测试通信功能是否正常	保证正常工作	√	
软件部分	软件版本	检查软件版本是否需要升级	保证最新版本	√	
	数据库	本地数据库与营销数据是否一致	保证两者一致	√	
	操作业务系统	系统运行并检查温湿度显示、语音提示、业务流程是否正常	保证正常工作	√	
	系统安全	检查时间设备是否正常，弱口令、漏洞、登录密码是否符合要求	保证设备安全	√	